寿司サムライが行く！

トップ寿司職人が世界を回り歩いて見てきた

はじめに

寿司の発祥は紀元前3世紀。

東南アジアの山岳地帯で、川魚にお米や塩をつけて発酵させたのが始まりです。そこから中国大陸を経て、紀元700年頃に日本に入ってきました。
それが時を経て進化して、世界に広がって寿司がＳＵＳＨＩに変わりました。

日本食の代名詞でもある寿司が、現代では高級店から大衆まで、お持ち帰り、回転寿司、出前など幅広く誕生してきています。

ふだんからよく食する身近な寿司が、日本や世界でどう認知されているか、この本であらためて見直していただければと存じます。

本書では、海外ではどのような形で寿司が進化しているのか、日本の寿司はどうなっているか、私がどのような経験をしてきたかをお伝えしていきます。
私は寿司職人として、他の寿司職人とは違う人生を歩んでいます。世界40か国、その国その国に足を踏み入れて、実際に目で見たこと、経験したことをお伝えできたらと思っています。

私はこれまで幾多の挫折を味わってきましたが、26年間寿司を思い、愛し、がんばり続けてきました。

寿司職人は、お客様にお寿司を提供することでよろこんでいただくのが仕事ですが、私はさらに海外に目を向け、海外の寿司職人の育成に力を入れています。

私の時代は、住み込みの修行や、昔ながらの伝統的な厳しい修行に耐えた部分もありますが、このような経験は、いまの若い子たちにはなかなか伝えられない。いまを生きる寿司職人たち（もちろん、職人だけに限りません）に、私の経験談を通して、参考にしていただきたいと考えています。また、日本の寿司文化や伝統をもっともっとみなさまに広めていきたいと思っています。

本書を手に取ってくださる方には、ＴＢＳのテレビ番組「ぶっこみジャパニーズ」をご覧になった方もいらっしゃるかもしれません。

番組でお伝えしていることは、私の活動のすべてではなく、ごく一部にすぎません。本書を通じて、テレビではお伝えしきれない私の考えや活動についても、お伝えできればと考えています。

テレビに出演するようになってから、周囲の方々からはあたたかいお言葉だけでなく、批判のお言葉やいろいろなご意見を耳にするようになりました。それでも私は自分が今やりたいこと、自分が大事にしたいものを一途に、流されずにがんばっています。

寿司職人のイメージや考え方、あり方などは、時代の流れとともによい方にも悪い方にも変わってきています。

私の経験や見てきたこと、考えてきたことなどを、みなさまが感じ、受けとめ、何かに一歩踏み出していただけたら、少しでも何かのお役にたてれば幸いです。

小川洋利

目次

はじめに　2

1 世界で10万店舗超え、「寿司」から「SUSHI」へ　13

日本人では想像できない海外の「マル秘」SUSHI市場　16
海外で増え続ける女性寿司職人　22
カリフォルニアロール誕生と人気であり続ける理由　25
数多くの飲食店から一瞬にして抜け出す「SUSHI」の看板力とその魅力　27
外国人指名ナンバー1の寿司は「サーモン」。選ばれる最大の理由とは?　29
宗教と寿司の関係　宗教が違えば、寿司も変わる　33
欧米人には区別がつかないアジア人　日本人が握ると値段も違う　35
貧富の差が影響する海外の寿司店事情　37

2 寿司好き必見!
寿司を100倍楽しむための「寿司」と「SUSHI」の違い　41

安全なようで危険、手袋で作る寿司　42
これだけは知っておきたい、華やかな「SUSHI」の想像を絶する舞台裏　45

日本思考？海外思考？　考え方ひとつで寿司の意味は大きく変わる　48
正しい知識があれば生魚はこわくない！　54
日本も海外も共通！　調理場は「常在戦場」　57
寿司サムライが物申す、海外で木製の調理器具は禁止！　60
海外の高級ホテル料理長が語った
「うちの魚は日本から仕入れているから安全だ！」　62
シャリは冷やして提供　海外の寿司販売事情　64
「目で盗め」「見て覚えろ」は通用しない海外の寿司事情　65

3

日本の常識は通じない!?
寿司サムライが気づいたＳＵＳＨＩの「驚愕」事情　67

見習いの皿洗いなんて存在しない、海外の調理現場　68
ご飯に直接!?　外国のシャリ事情　71
「つけるもの」から「飲むもの」へ!?　日々進化し続ける海外の醤油事情　73
にぎりは1分あればマスターできる？　驚きの〇〇を使ったにぎり寿司　75
人気のチョコレート寿司　毎日がバレンタインデー　76
ホクホク、アツアツ　ＬＯＶＥ ＬＯＶＥな ＨＯＴ 寿司　78
ビールのつまみにビール寿司　79
オシャレなスイーツ、お寿司なスイーツ　80

パンチの効いた激辛寿司にノックアウト！ 81
氷が溶けたら？「水になる」では通用しない「○○になる」発想 83

4

寿司サムライから物申す 海外シェフへ伝えたい6つの主張 85
修行を積もうぜ！ 一日で寿司職人なんて絶対に認めない 86
高カロリー万歳、低カロリー犯罪！「寿司＝ヘルシー」の勘違い 87
包丁は100円ショップで買いなさい！ 89
魚は味がない!? 91
よきパパは家でやれ！ 指輪外して寿司握れ 92
寿司にはパンチが必要？ それよりも魂込めて作ってくださいという願い 93

5

寿司サムライが見る海外寿司の市場の変化 〜海外寿司の高級化志向〜 95
海外で求められるレベルに技術が追いつかない日本の職人教育 96
ロール寿司からにぎり寿司へ 海外寿司観の大転換 103
学ぶことに貪欲な職人見習いたち 105

6

寿司サムライはなぜ海を渡ったのか　107

剣道に生きた少年時代　108
高校時代の挫折……そしてシドニーへ　110
料理人への道　112
修業時代　115
海外の日本料理店と日本で寿司職人として働いて感じたこと　117
私が指導員として生きていこうと決めた理由　119
寿司を広めることで世界を変える！　121

7

日本の寿司!?　〜歴史と豆知識と寿司事情〜　131

その1　進化をとげた寿司

寿司の語源・由来　「寿司」「鮨」「鮓」の違いって??　132
寿司の発祥は東南アジアだった！　133
室町時代に生まれた熟れ寿司　134
一週間で食べられるようになった飯ずし　135

関西寿司のシャリが甘い理由 136
うなぎやアナゴをお腹から開く関西、背中から開く関東 137
両国から生まれた江戸前寿司　鎖国が関係していた 138
華屋与兵衛と江戸前寿司 138
本来の江戸前寿司はマクドナルド 139
江戸前寿司が全国に広まった理由 141

その2　寿司を100倍楽しもう　豆知識からみる日本の寿司

なぜ寿司職人の手には米粒がくっつかないのだろう？ 141
日本の包丁はなぜ片刃？ 144
卵焼きでその店の力量なんかわかるはずがない 145
寿司の食べる順番は食べたいものから食べろ！ 147
寿司店と笹の関連性 148
寿司や刺身をきれいに盛る方法 148
塩締めの効果、酢締めの効果 150
旬とは…… 152
世界中の魚は何種類くらいいるの？ 152
その寿司用語、じつは違うんです！ 153
出世魚って……？ 155

「タタキ」って何？ 157
「でんぶ」と「おぼろ」は違うの？ 158
海苔って不思議 159
シャリに6分の味がある　寿司には欠かせない米の重要性 160
寿司店で使われる符牒 162
サバを読むってどういうこと!? 163
寿司店に嫌われる客、怖い客 163
シャリは酢の合わせ方一つで危険な食べ物になってしまう！ 166
なんで寿司にガリがつくの？ 168
寿司店で多い食中毒は卵焼き 169
なんで寿司は二個出てくるの？ 170
なんで寿司を数えるとき一貫二貫と数えるの？ 170
白身と赤身の違い 171
大根で剣？の妻？を作る 172
折詰の重要性とすばらしさ 173
わさびじゃなくてマスタードはダメなの？ 174
なんで「刺身」というの!? 175
本当は一番難しい巻物 175
おいしいって？うま味ってどんな味？ 178
調味料なくして寿司は語れない 179

その3　日本の寿司もヤバい!?
今の日本の寿司は外国人客に支えられている　180
低コスト化による寿司の価値の低下　181
職人としての在り方の揺らぎ、若い職人の技術不足　183

8　メイドインジャパンが大切にし続けた寿司への「志」と「伝統」

メイドインジャパンが大切にし続けた寿司への「志」と「伝統」　187
技術より大事なもの　188
師弟関係、なかに込められた思いは大きい　192
目で盗み心も盗め　194
「守破離」　195
シンプルこそ難しい　196
寿司とは人間形成の道である　197
懸待一致の心　198
一つに込めた寿司への思い　200
おわりに　204

1

世界で10万店舗超え、「寿司」から「SUSHI」へ

今、世界中で寿司店が増えています。２０１３年頃は５万５千店舗だったのが、２０１７年11月の統計では11万８千店に達しています。推定ですが、寿司職人も今では世界中に20万人以上いると言われています。

しかし、その９割以上の人が生魚を扱ったことがない……。このような人々によって調理されているというのが現状です。海外に行くと、刺身を食べたこともない人が生魚の調理をしています。するとどうなるかというと、「腐ったものがわからない」！

近年、インドの南の地方、チェンナイで講習会を行ってきましたが、生魚を扱ったことのないシェフや職人が、「なぜ魚を冷蔵庫にしまうんですか？」という当たり前の質問をしてくるのです。冷蔵するとか、加熱する、という常識が彼らの頭にはない。国によっては香辛料で炒めて、火を通せば食べられると思っているところもあります。そんな食文化の中で刺身を作るとなると、これは非常に危険です。

私は日本の寿司文化を伝えにいろいろな国へ行くのですが、店で扱っている魚介類がどう見ても腐っていることがあります。それを平気でお客様に出す。「これもう腐ってるでしょ？」と言っても、腐っているかどうかわからないと言うのです。彼らはその「腐った」ということが理解できない。生魚を食べてきていないので仕方がないでしょう。

日本人は物心ついたころから生魚を食べているので、目で見たり手を触れたりしただけで、これを食べるのは少し怖いなとか、これは少しにおいがあるな、とわかります。逆に、海外の人たちはこのような習慣がないから全くわからない。

そういう人たちが調理することによって、海外では食中毒が非常に多くなっています。今まで日本食や寿司といえば、高級だとか、流行りだとか、すごくよいイメージだったのに、ここ最近は「怖いね」という声を耳にするようになりました。

だんだん日本食や寿司に対する、とくに生魚に対するイメージが悪くなってきています。これが世界の寿司をめぐる現在の問題なのです。とあるアジアの国では去年、約３００件の食中毒が起きたといわれています。実際に、届出がないものも数えれば、もっと多くの食中毒があると推測できます。

私が今までに訪問した国は40か国を超えていますが、現地の調理場に入るのは怖い。まな板の上で肉を扱ったあとに、そのまま魚を切ったり、揚げ物を調理したまな板の上に生魚をのせたりしているのを見かけます。ひどいところになると、余った刺身をまた使いまわしたりしているところもあります。

２０１３年に和食がユネスコ世界文化遺産に登録されて、せっかく人気がうなぎ登りだったのに、このままいくとイメージが崩れてしまいます。実際、日本食に対する見方が少しずつ悪いほうに変わってきているようです。

人気とともに、寿司のよくない部分も見えてきてしまうのは必然かなとは思いますが、このようなことが問題になっているのです。

日本人では想像できない海外の「マル秘」SUSHI市場

私は海外の国に行くと、まず市場に行くことにしています。海外の市場と比較すると、日本の市場は、魚も漁師も施設もかなり優秀です。なかでも何が優秀かというと、とった魚の扱い方！

例えばマグロ。「大間のマグロ」をみなさんもよく耳にすると思います。なぜ、「大間のマグロだ！」と周囲から人気があるかというと、もちろん、黒潮、親潮などの潮の流れなどによる要因もあります。マグロがフィリピンのほうで卵を産んで、北海道のほうに上昇していく。プランクトンやエサを求めて北に上がってきて、冷たい海流のところまで行って、いっぱいエサを食べてからまた戻って、フィリピンのほうで卵を産む。その北に上がってきたときの一番おいしい時期が、ちょうど北海道と青森の手前のところです。

だから脂がのっておいしいというのもありますが、大事なのは、とったあとの扱い方。血抜きの速さとか、いかに鮮度を保ったまま傷つけないで市場まで運ぶかというところです。

野締め

活締め

日本では「神経締め」「活締《いきじ》め」というものがあります。一度神経を切って、針を刺して、仮死状態にして、身を硬直させたまま市場に持って行く。そうすると鮮度がそのままに保たれます。

大分県の佐賀関沖でとれる関アジ、関サバをみなさんもご存知でしょう。関アジ、関サバは、もちろん漁場である佐賀関、豊後水道の潮の流れがよいことがおいしい理由に挙げられますが、扱い方もすばらしい。締め方ひとつで、全く質が変わってくるのです。それだけ漁師もこだわっています。

日本の場合は、○○漁港でとれた魚は高級。△△漁港の……、もっと細かく言うと◎◎丸など、名のある船でとれた魚というだけで、値段も変わってきます。

一方で、海外の漁師は、漁に行くと一週間帰ってこないということがよくあります。すると、一日目にとれた魚は七日前にとれた魚ということに……。当然、水揚げされた魚の鮮度もよいとはいえないでしょう。そういうことが稀ではないのです。

今、インドでも大変なＳＵＳＨＩブームになってきていますが、一部の市場では水を一切使いません。氷がないのはしかたないとしても、魚というのは、真水がとても重要なのに、それを使わない。

なぜ魚に真水が大切かというと、バクテリアの殺菌が目的です。魚についているバクテリアは腸炎ビブリオという菌で、海水のあたたかいところと、冷たいところの温度差で、一気に増殖します。それが魚に癒着します。

この腸炎ビブリオは、真水に弱いのです。日本の魚屋や調理場が、常に水をまきながら作業をしているのはこのためです。築地に行くと水をジャージャーまきながら作業しています。

海外にはそういう文化がないから、異臭がひどい。ラオスなどの東南アジアも、ひどいところだと、40度近くの炎天下の中で魚を売っていることもあります。また、扱い方も非常に乱雑で、身が崩れているものもよく見られます。

海外ではそのまま魚をほったらかしにしているのが普通ですが、日本でやるような「野締め」「活締め」という、氷に詰めたり、切って神経を抜くなどの方法が増えていかないといけないと思います。刺身は鮮度がとても大事なので、こういうところが海外ではまだまだ怖いなと思います。

ノルウェーなどの北欧の国へ行くと、非常に魚が豊富です。アジやイワシ、シシャモなど、いろいろな魚がとれます。でも海外の人たちは、イワシとかアジとかサヨリなど、小さな魚を食べる習慣がない。だから売り物にならないので、家畜のエサとか、大きな魚を釣ったり、養殖したりするときのエサにまわしてしまう。

でも日本では、イワシも最近は高級魚になってきていますし、アジやサンマはみんな好きですね。そういうものを海外の市場で見かけたとき、魚屋に欲しいというと「タダであげるよ」と言われたり、ときには市場の地面に落ちていたりします。イワシやアジが……。それをしっかりと日本の江戸前の仕事で締めて、寿司を作ったらお客様にとてもよろこばれるのに……。

まだまだ海外では魚に対する食の意識がうすいのです。外国では、マグロ、サーモン、ハマチ、サバ……、主にこういったものが生食として食べられていますが、白身魚に関しては、まだ国によってはメニューで「ホワイトフィッシュ」とひとくくりにされている店もあります。タイだか、ヒラメだか、カレイだかわからないけど、メニューには「白身魚」として書かれているのが現状です。まだまだ、いろいろな種類の魚を食べるという習慣が少ないのでしょう。

どこの国に行っても、マグロ、サーモン、ハマチ、この三つが置いてあって、あとはほんの少ししかない。小魚をもっとお客さんに食べさせてあげれば、すごくおいしいとわかってくれるはずなので、もっと市場の方や職人に知ってもらいたいです。

あとは、タラの白子なども、日本では人気があって、冬の時期にとてもおいしいのですが、海外ではほとんど使われていません。以前ノルウェーに行ったとき、市場で「使わないならちょうだい」と言ってタラの白子をもらってきて、寿司のコースメニューで出したら、現地のお客様がすごくよろこんでくださったのが印象的でした。魚屋さん自体も、どんな魚がどんな状態か、生で食べられるか食べられないかの知識がまだうすいんだなと感じました。

あとは、肉と魚が一緒に売られているのも見受けられます。基本的に海外で売られている魚はほとんど養殖というものがありません。天然物でも魚が毎日入って来るわけではないので、おそらく火を通すという前提で売られているのでしょう。


でも、寿司人気がある先進国のアメリカは、羽田空港に国際線ができてからは流通がよくなりました。前の日に日本でとれた魚が空輸で運ばれて、次の日にはアメリカの市場に置いてある、というようなことが可能になりました。

私がロサンゼルスの市場に行ったときには、静岡産のメジナ、キンメダイ、コハダなどいろいろな魚が売られていました。コハダは小さな5センチくらいのものが、5

ドルで売られていました。日本だったら正直、旬の時期だったら30円か40円ですよ。

こんなに小さいコハダが一匹500円以上で売られていて、それがすぐに売れてしま

アメリカ（ロサンゼルス）の市場
氷や水槽があり魚の鮮度が保たれている。

ベトナム（ホーチミン）の市場
魚が乱雑に売られている。

ロサンゼルスの市場で売られていた静岡産の魚

インド（チェンナイ）の市場
炎天下のなか、氷も水もない。

ラオス（ビエンチャン）の市場
30℃以上ある場所で、氷もエアコンもない。

う。国によってはおそらく、にぎりなら一貫千円ぐらいで売れるのでしょう。それでも海外は寿司ブームで人気があるから、寿司をよく知っているお客様は、コハダでも千円近く払います。このような国も実際にあるのです。市場を見るとその国の生魚の文化がわかりますね。

海外で増え続ける女性寿司職人

日本では職人というと男性がメインですね。以前、有名な寿司店がテレビや映画で、「女性は生理や女性ならではの体質のせいで手が温かいから、寿司職人には向かないよ」と話しているのを耳にしたことがあります。海外でもよく、「女性は寿司職人には向いてないのですか?」「手の温度が温かいからですか?」と聞かれます。でもそれは、まったく関係ないと私は思っています。人それぞれ、手の温度が高い人も低い人もいる。もし高くても、握る前に手を氷水につけて、常に冷えた状態を保ってやれば全く問題ありません。それは私もよくやっています。

海外に行ってみると、寿司職人がほとんど女性という国もあります。これは文化的なものです。

私が思うに、日本は昔ながら外で男性が金を稼いで、女性が家にいるということが文化として根づいています。だから、職人として手に職を持ったのが男性ばかりで、そのまま今に至っているのでしょう。最近では女性が活躍する時代になってきているので、少しずつ女性の職人も増えてきています。私の周りでも活躍されている女性の寿司職人がいます。

問題点としては、最近は変わってきましたが、やはり勤務時間が長い。寿司職人の仕事は、朝仕入れに行って始まり、終わるのは夜中。昼も夜も営業……そうなるとうしても、ワーク・ライフ・バランスのとれた職場環境とはいえず、男性でも女性でも子育てや家庭と両立させて働くのはむずかしいのかなと思います。最近では会社や労働組合が厳しくなり、8時間労働が義務づけられているので、少しずつ、働きやすい時代になってきているのではないかと思います。

女性の仕事を見ていると、男性にはない丁寧さ、繊細さというものがあって、私も勉強になることがあります。女性独特のものを感じます。

でも、このような点においても、似たような難しい例があります。例えば最近、日本人の話でよく聞くのが、外国人の職人が増えているということ。上野のほうに行くと、日本に出稼ぎで来ているミャンマー、タイ、ベトナムなどの東南アジアの人たちが寿司屋で働いています。中東系、アフリカ系の人たちが、回転寿司で握っているのを目にします。そうすると、「抵抗がある」という声を聞いたりします。

私がテレビに出演したとき、ナミビアなどのアフリカ系の方が寿司を握ったのを観て、食べたくないというネットの書き込みがありました。昔から日本の男性が板前として握ってきたことが文化として根づいているので、一部の人にとっては、日本人の男性の板前が握ったほうが自然に感じるのだとは思います。女性や、海外の職人の方が握ると、これまでの寿司の味やイメージが崩れてしまうのでしょう。ましてや島国で、昔、鎖国をしていた日本だからこそ。

一方で、若い人たちはあまり気にしないようです。これからどんどん日本もインターナショナル化していくので、少しずつ価値観は変わってくるでしょう。そして、女性も外国人の職人もこれからますます活躍していく時代になっていくのだろうと私は思います。

とくにマレーシアやインドネシアは女性の職人が多いのです。料理を作るのは女性だという文化が根づいているからでしょうか。日本には日本料理のように昔ながらの食文化がありますが、国によっては、「食文化」がない国もあります。プロの職人が料理をするという文化がない国では、女性が料理を作ることが慣習になっていて、必然的に女性が寿司を作るようになったと考えられます。

カリフォルニアロール誕生と人気であり続ける理由

日本でもなじみになってきたカリフォルニアロール。伝統的な日本のお寿司とはまた違ったおいしさがありますね。

カリフォルニアロールは、カリフォルニアのお店が発祥と言われていますが、実際には、太平洋戦争のあとにカリフォルニアに移住した日本人たちが、お祭りのときやパーティーのときに「寿司を作ろうよ」と言って作ったのが始まりとされています。

当時はまだキュウリがなかったから、キュウリのかわりにアボカドを使いました。お米も日本のようなお米がなくて、どちらかというとパサパサなお米でした。アメリカでは白いお米を食べる習慣がなく、必ず味つけをして食べます。そこに、飛び子、ゴマなどで味つけして、生魚のかわりによく食べられるエビやカニを入れました。当時のアメリカでは、生魚を食べる習慣がなかったからですね。

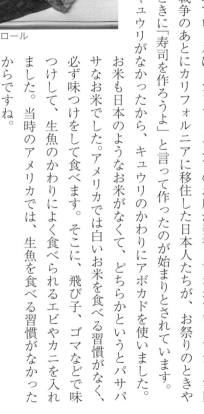

なおかつ、海苔は黒くて見た目が悪いから、中に巻いて隠したのです。俗にいう裏巻きです。

カリフォルニアロール

寿司もそうですが、世界に広まっていくのに、日本から広まることはまずありません。アメリカが最初に始めて、流行ったものが後から世界に広まることが多いのです。

カリフォルニアロールはなぜこんなに人気があるのでしょうか?外国人は生魚を食べる習慣はないが、エビ、カニは世界共通で、どこの国に行ってもあります。あとは巻物なので食べやすいという理由もあります。アボカドも、比較的どこの国へ行ってもあり、最近は日本でも食べられます。この組み合わせがどんどん広まって、だんだん進化してきています。

それから、白いご飯を食べる習慣がない人は、ご飯をつぶすことによってパン感覚で食べることができます。アフリカだと、ご飯をつぶしてサンドイッチ状にして食べたりします。タイではカオニャオというもち米を食べます。カリフォルニアロールは巻物で、手で食べることができるので、そういうところで世界中の人が気軽に食べられるのかなと思います。国によっては歩きながら食べる人たちもいるんですよ。テイクアウト感覚、ハンバーガー感覚で。

もともと日本でも江戸前寿司は屋台で売られ、ファストフード感覚のものだったので、海外でも同じ感覚でカリフォルニアロールが広まったのでしょう。手軽に食べられるし、世界共通の食材が入っていて、パン食の国でもサンドイッチ感覚で食べられます。

いろいろなソースをつけて食べられるのも人気の理由かもしれません。日本では寿司は、生の食材のうまみを味わうという文化がありますが、海外ではクリームチーズなど、自国の食材を入れてアレンジしたり、好きなものを入れたりします。国によってはチョコレートやイチゴを入れてデザート感覚で食べるところもあります。

数多くの飲食店から一瞬にして抜け出す「SUSHI」の看板力とその魅力

日本では、寿司はみんなが好きというイメージがありますし、今は回転寿司やお持ち帰りなどで、手軽に食べられる時代になりました。寿司にもランクができてきましたね。冠婚葬祭でしか食べられないくらい高級だった寿司が、最近ではスーパーでも手頃な値段で買うことができ、手軽に食べられるようになっています。日本人にとって、寿司は「日常的なもの」「手頃なもの」という方向に進んできています。

海外では寿司と言うとまだ高級なイメージがあります。「SUSHI」という看板があったら、「この店高いんだ！」と感じてしまうようです。

逆に世界文化遺産としての「和食」は、残念ながら海外ではまだ広く認知されていないようです。日本の政府が和食を日本食全般という意味で登録したのですが、和食の定義が海外では理解しづらいようです。しかしながらＳＵＳＨＩはどこの国に行っても認知度が高く、世界の共通語といえるほどです。

最近、海外でよく見かけるのは、ＳＵＳＨＩと書いてある看板です。そのＳＵＳＨＩとは何かというと、カリフォルニアロールや手巻きのこと。にぎりでなくても、寿司は寿司だという感じで、少しだけでもメニューに置いている。コーヒー屋さんなのに、メニューに軽くカリフォルニアロールを入れるだけで、看板に「ＳＵＳＨＩ＆ＣＯＦＦＥＥ」という文字を入れるのです。

東南アジアなどでもそうですが、ＳＵＳＨＩ＆ＣＵＲＲＹとか、ＳＵＳＨＩ＆ＰＩＺＺＡとか、なぜかＳＵＳＨＩを入れたりします。とくに、中国人は商売上手なのでＣＨＩＮＥＳＥ＆ＳＵＳＨＩみたいに、本当によくＳＵＳＨＩを使います。中華料理屋だけど、少しだけ寿司を置くことによって「ＳＵＳＨＩ」を看板にすることができて、そのことでランクが上がって、お金が取れるというイメージがあるようです。

地元の方から、寿司には高級なイメージがあるので「ＳＵＳＨＩ」を入れることでブランド化されるというのを聞いて、これは面白いと思いました。それだけ「寿司」

という魅力、影響力というのは強いのだなと。

外国人指名ナンバー1の寿司は「サーモン」。選ばれる最大の理由とは？

今、日本でも、お寿司の好きなネタランキングの一位は、マグロを超えてサーモンになっています。

２００２年頃、私が東京で店を出したとき、周りにもけっこう寿司店が多くて、７～８店舗はありました。他の個人店はわりと江戸前にこだわっていましたが、私の店では出前のメニューや店頭でも、サーモンを多く取り扱っていました。

私は日本で店を出す前に海外でも働いていて、サーモンが海外で人気があるのをよく知っていました。日本ではその当時、まだサーモンがそれほど有名ではなかった時代で、やっぱりマグロが寿司ネタで一番人気でした。

私の店で海外で人気があるからとサーモンを使っていると、周りのお店からは、「小川さんとこはサーモン使っているよね」「あいつの店は江戸前をうたっているのにサーモン使っているぞ」と言われたりしました。

当時30歳で店を出したときは、周りの職人は昔ながらの大先輩ばかりでした。江戸前といえば、ふつうはサーモンはありません。江戸の東京湾でとれた魚を使うのが基本的に「江戸前」とよばれるので、サーモンが邪道だという意識が、昔ながらの江戸前寿司屋にはありました。

ところがサーモンはすごく売れるので、商売としてとてもいい。しかも当時、まだ仕入れ値はそれほど高くなかった。だんだん人気が出てきました。

そうして使い続けていると、うちの店は忙しくなってきました。そうなると他の店からも注目されるようになりました。2、3店舗の寿司店の方に会って話をしてみると、最近出前の電話で、「お宅の店では、サーモン置いていますか？」とすごく聞かれると言っていました。「サーモンは置いていない」と答えると「ないんだ……」と言われ切られちゃう。だから、商売にならないという話をよく聞きました。

でも今、江戸前と言ったって、東京湾でとれる魚がどれだけあるのという話です。時代とともに変わってきているのだから、そこにこだわらなくてもいいんじゃない、という話をしてたら、だんだん周囲の店もサーモンを使うようになってきました。そのくらい、サーモンはみんなが愛しているというか、人気があります。

その理由はなぜかというと、まず一つは見た目、色でしょう。サーモンは不思議なことに、時間がたっても色が変わらない。これはすごい魅力で、普通マグロや他の魚は、時間がたつと劣化とともに変色していきます。サーモンにはそれがないし、しかもちょっと橙色っぽくておいしそうに見える。それが人気の理由の一つです。

あとは、サーモンは身質が非常にやわらかい。欧米の人たちはあごが弱く、歯ごたえのあるものを好みません。例えば、外国人が苦手なのは、タコやイカやアワビのような貝類。固くて食べられません。面白いのは、普通に活締めした新鮮な魚を、とくにヨーロッパの方に食べさせると、固くて食べられないと言います。一方で日本人は、あのコリコリとした歯ごたえを好みます。とれたてで身が硬直して、歯ごたえがあって、それが鮮度がいいと言ってよろこびます。この点はとても対照的ですね。

最近、「熟成」というのが日本でも流行ってきていますが、熟成したやわらかい、口で溶けるような食感が海外の人たちは好きで、サーモンは最初から最後まで身質がやわらかく、口の中で溶けやすい。背のほうもほのかに脂があって、身がやわらかいから人気がある。

また、値段が手頃なのもいい。サーモンは世界でも養殖をしている国が多く、日本ではノルウェーサーモンが有名ですね。私はノルウェーに何度も行っていますが、とにかく自然が豊かで環境もよく、海を使って養殖しています。稚魚を育てて、どんどんどんどんイクラをふ化させる。しかもそれをイクラとして売らず、サーモンのみを扱っている。

最近ではイクラがとれなくて、世界中で問題になっています。寿司ネタで今一番値上がりしているのがイクラではないかと私は思います。私がお店を始めた２００２年当時より五倍近く上がっている。今後イクラはもうなくなってくるかもしれません。

なぜかと言うと、イクラよりサーモンにしたほうがお金になるから、ふ化させてしまう。養殖しやすいから、値段が手頃になるんですね。

ノルウェーサーモンに関しては、アニサキス対策がしっかりされていて、安全に提供されています。

サーモンはキロ１５００円前後だけど、マグロはよいものであれば、キロ一万、二万、それ以上にいってしまう。そういう面では、サーモンは手頃だし、とにかく色がきれいで身質もやわらかい。臭みもないから子供はサーモンが大好きですね。

焼いても、スモークにしてもおいしいし、どこの国でも愛されています。どこの国でも流通が簡単というのもあります。カナダ、南米チリ、北欧のノルウェーなど、世界中で手に入りやすい。流通が利いて手頃だから人気があるのでしょう。

日本でも海外でも人気のサーモン

宗教と寿司の関係　宗教が違えば、寿司も変わる

私は以前、オーストラリアの「全日空ホテルシドニー」で働いていました。オーストラリアで一番か二番に高級だった、5つ星ホテルのレストランです。私が働いていたのは、日本料理レストラン「雲海」で、日本の赤坂にもあります。現在は撤退してしまいましたけどね。そこの寿司屋では、50か国以上の人たちが一緒に働いていました。社員も500人くらいいて、とても多かった。

もちろん海外だと、働いている料理人のうち日本人は7、8人です。他の国の人たちが20～30人で、ローテーションで朝食、ランチ、ディナーと交代制でやっていましたが、私は寿司がメインだったのでランチとディナーを担当していました。

いろいろな国の人たちが日本食を作ることになります。イスラム教の国の人もいました。彼らは生魚を食べません。

あと、ハラルの人もいましたね。ハラルは、イスラムの教えで食べることが許された食材・料理をさします。ハラルは生魚は食べてもOKだけど、しょうゆや調味料など、アルコールが入っているものはダメ。海外ではこういう問題をとても感じます。

先日マレーシアに行ってきたのですが、マレーシアでは魚は食べるけど、アルコールの入った調味料が使えないのです。どうするかというと、しょうゆを使わないでそ

のまま食べたり、レモンと塩で食べたりします。国によって魚が一切ダメなところは、野菜をたくさん使ったり、果物を主にしたりして食べたりします。

インドでは牛がダメとか、国によって、食べられる食べられないというルールが全くちがう。豚がダメ、牛がダメ、アルコールがダメとか、ヨーロッパでもグルテンがダメというところもある。小麦粉にグルテンが入っているから、揚げ物もダメなのです。国によって寿司の定義ってなんなの？というくらい。

でも、どこの国でも共通で使えるのは、「酢」です。私は、「寿司って何？」という問いには「酢の入った飯だよ」と即答しています。どこの国に行ってもお酢のご飯、ここだけが唯一の共通点です。食材などは宗教や文化によってちがうけど、お酢に関しては、どこの国に行ってもあります。

日本の場合は、米酢、昔は粕酢でした。米はとても高価なものだったので、酒粕で作ったお酢を使っていました。最初は庶民的な材料でできたのが江戸前の寿司でした。粕酢は赤酢ともいいますが、今でも伝統を守り赤酢を使っているお店があります。

どこの国でも「アルコールが作れる＝お酢が作れる」ということです。だから、海外では国によってはワイン酢やホワイト酢など、いろいろなお酢で寿司が作られています。そういう面では、寿司の定義としては、ご飯にお酢を合わせたものということになります。

最近、日本の醤油会社でもグルテンフリーとか、アルコールフリーで、ハラルの許可をとって、インドネシアやマレーシアに輸出しているところが増えてきました。日本でも、ハラルを守るお客様を専門に受け入れているホテルなどがだんだん増えてきました。幕張のあるホテルは、ハラルのお客様をターゲットにしたら、一気に売り上げが上がったと言っていました。日本に旅行に行きたくても、食事の規定やお祈りがあるため、不安で泊まれないという方も多いようです。

最近テレビで取り上げられていたのですが、静岡の伊豆の旅館などでも、ハラルのお客様のためにお祈りの場所を作ったり、食事もハラルありますと宣伝をかけたら、一気に埋まってしまって、予約が取れないくらい人気が出てきたとのこと。私もハラルは勉強したのですが、きちんと研究して専門的にやると、ビジネスとしてはいいのかなと感じました。

欧米人には区別がつかないアジア人　日本人が握ると値段も違う

私は、アメリカ、ヨーロッパ、南米、アジアなど、世界40か国ぐらいに行っていますが、寿司店のカウンターの裏にいる調理人は中東系・アフリカ系の方たちが働いていて、表のカウンターはほとんどアジア系の方だったりします。

最初は人種差別かなと考えたりしたのですが、オーナーが言うには、アジア系の人が握るとお金が取れるらしいのです。だからわざと立たせていると……。ヨーロッパに行くと、調理場には中東系・アフリカ系の人、接客は、現地の人々、カウンターにいる人たちはアジア系という店が多い。とくに多いのは中国人とタイ人。

タイ人はとても仕事に対して真面目だし、手先が器用。オーナーとしてはよく働くのでうれしい限りなのです。しかも、私たちから見れば日本人じゃないとわかりますが、欧米の人たちから見ると、まったく区別がつかないらしいのです。

ネームプレートには「鈴木」など日本人の名前が書いてありますが、話しかけると日本語がわからないという職人もいます。日本人に似た人たちが、白衣をピシッとつけると、日本人が寿司を握っているように見えます。日本の寿司を日本人が作っていると思うと、お客様の反応がちがいます。

私たちがフランス料理を食べに行っても同じように、フランス人がフランス料理を作っていると、イメージ的にやはりポイントが高いですよね。中国人が中華料理を作っていたり、インド人がカレーを作っていたりすると、なんだか本格的だなと感じます。海外の寿司店でも同じで、寿司店のカウンターで日本人に似たアジア人が握ることによって、お客様が安心して注文してくださるのです。

実際は中国人だったり、タイ人や韓国人が握っています。海外で働いている日本人の寿司職人は実際にはそこまで多くないのです。海外で活躍している日本の職人もいますが、本当にごく一部で、実際に働いているのは、日本に出稼ぎで来て修行経験のあるアジア人だったりします。

貧富の差が影響する海外の寿司店事情

昔は職人というと、学がない人や、生活環境があまりよくない人が多い職業でした。どちらかというと、中学卒業後すぐに職人の世界に入る人が多く、家庭の事情があったり、住み込みで入門したりというのが、昔のイメージでした。

今から25～6年前に私が寿司屋に修行に入ったときには、先輩の寿司職人のなかには入れ墨が入っている人もいました。それだけ昔の職人には、よいイメージがありませんでした。

それが最近だんだん変わってきて、今でいうと、寿司職人というよりも「寿司シェフ」というイメージになってきました。最近では料理人がテレビでも活躍する時代になり、マイナスイメージがうすれ、「私、料理人が好きなの」なんていう若者も増えてきました。

とくにすごい国はフランスなのですが、この国には昔ながらのフランス料理という食文化があって、フランスのシェフは職業としてすごく地位が高いのです。周囲からとてもリスペクトされています。中国も食文化があるので、料理人にそんなにひどいイメージはありません。でも、食文化がなかったり、そこまで自分の国の食文化が進んでいない国では、料理人というのは誰でもなれる仕事、というイメージを持たれているようです。

アメリカでは、表に出る接客は、現地の人たちがサービスしています。でも実際に調理場に入ると、スペイン語が飛び交っていたりします。みんな南米、メキシコとかウルグアイ、ベネズエラなどから出稼ぎに来ている人たちです。そういう人たちは、安く働く労働力です。では、南米のほうに行くとどうかというと、さらに貧しい人たちが調理場で働いています。家がなかったり、スラム街に住む人たちです。給料を聞くと口に出せないくらい低賃金で働いている。でも彼らは、食べていけるから料理人になる。私がよく目にしたのは、お客様が残した料理をビニール袋に詰めて持って帰る光景です。そして、家族にそれを食べさせる。要は食べられれば生きていけるという感覚です。

それはもう、やるせない気持ちになります。自分の国やヨーロッパでは職人として、ちゃんとした職業として働けるのに、海外に行くと、「料理人は貧しい人がやる仕事」というイメージがあって、料理人に対する扱いがひどいのです。

このような国では、料理人は朝から長い時間ずっと働かされています。海外ではウェイターやウェイトレスのほうが、職としては料理人よりも上です。チップをもらえるし、お客様と直接の接客があり、プロ意識がある。

フランスでは、接客も料理人も、両方ともそれなりに地位がありますが、食文化がない国は、接客するほうが直接お客様と接するので、立派な職業になります。料理人はチップがもらえない店もあり、給料も安い。でもまあ、まかないを食べられるから命はつながるというのが、私としては心苦しいというか……。料理人の地位があまりにも低い。そう思ったのが、私が海外で寿司の指導を始めるきっかけでした。

料理人はお客様を幸せにしてナンボだと思います。お客様においしかったとよろこんでもらってナンボ。お客様を幸せにできる料理人を育てていけば、私一人が直接お客様に料理を提供するよりも、もっともっと多くのお客様をよろこばせることができます。このことが私のこれからの人生のやりがいだと強く感じました。私の使命である「料理人を幸せにできる料理人になりたい」という思いがここで強くなっていったのです。

私は寿司職人ですので、いろいろな国でせめて寿司職人の地位を上げたい、という目標でやっています。

日本はすごくよい環境にあります。若いときにコツコツお金を貯めて、保証協会や公庫などをうまく使えば、自分で店を持てるという夢を持つことができます。

海外では、貧富の差が非常に激しくて、料理人がオーナーシェフというのが、まずない。店を出すってすごいことなのです。一般の人がお金を貯めて出せるような額ではなくて、だいたいみんなシェアオーナーがメインです。何人かのお金持ちが集まって、店を経営するというパターンが多い。

海外の料理人はプロ野球選手と同じで、人気があって仕事ができる料理人を、オーナーがお金を出して雇うのですが、ほかの店の料理人が有名になったら、さらに高い給料を払ってトレードしてくる。だから料理人は移動が多いのです。腕があれば給料が上がって、どんどんよいポジションに行ける。

それを私も海外で働いてわかったので、とにかく彼らの技術向上を応援するために、年に一回「ワールド・スシ・カップ」を東京で開催しています。それによって、その人たちが一番下のランクのキッチンハンドから、料理長クラスに上がっていくことで、給料も上がっていく。そんなふうに私の中では今、世界中の料理人の技術向上を目指しています。料理人の幸せを、今、このようなかたちで目指しています。

2

寿司好き必見！
寿司を100倍楽しむための
「寿司」と「SUSHI」の違い

安全なようで危険、手袋で作る寿司

寿司職人の手袋の着用については、今とても問題になっています。例えば、アメリカは州によって法律が違いますが、ロサンゼルスにせよ、ニューヨークにせよ、素手で寿司を握ってはいけないのです。手袋の着用が法律で義務づけられています。アメリカがそういうことをやりはじめたので、海外でも手袋の着用を義務づける国がだんだん増えてきました。

現在、問題になっているのが、手袋の着用による食中毒です。これが面白いもので、日本の寿司店は素手で握っていますが、食中毒がほとんどない。手袋の着用による食中毒の原因は何かというと、まず一つは、手に臭いがつかなくなるから。現地の人々は魚の臭いで鮮度を判断する意識があまりないのです。

そもそもなんのために手袋をつけるかというと、自分を守るためです。例えば誰かがけがをしたときに、治療するのに医者は素手でやらないでしょう。あれは自分の感染を守っているのです。歯医者でも、手袋をつけて口の中に手を入れる。そもそも手袋というもの自体が、寒さから身を守ったり、危険なものから自分を守るためにつける。魚の生臭さって、寿司店で一日握っているとなかなかとれません。いくら洗ってもとれなくて、電車に乗ってると嫌な顔をされるくらいです。ですので、自分の手を魚の臭いから守りたい人も手袋を使うのでしょう。でも、そういう感覚で寿司店で手袋を使われると、危ないのです。

あとは、素手だったら魚に直接触ると、あれ、これぬるっとして危ないなというのがわかります。でも、手袋をつけて間接的に触ってもぬめりなどがわかりません。そして、菌がついた手袋でほかの魚を触っていくうちに、繁殖していく。これが二つ目の原因です。

それから、手袋をつけると、手にシャリがくっつかない。普通、素手だと素人の人が握るとベタベタになりますが、手袋だとくっつかないから、手を洗わないでずっと作業ができちゃう。そうすると、いろいろなものを触ったあとに、ご飯がくっつかないから、そのままずっと作業を続けて、そのまま魚を触って菌が増えてしまう。素手がベタベタすると、気持ち悪くてすぐ洗いますけどね。これも一つの原因。

魚の菌は真水には弱いけど、手についていている細菌や台所にもよくいる細菌は、実は水が大好物です。水分とか湿度とか、10度~65度の温度を好む菌なのです。

今、問題になってるのは、家庭だと台所のスポンジからの感染による食中毒が危ないといわれています。実際はトイレの便座より菌が多いといわれています。水分があるものは天日干しをして乾かすことで、全部死滅させることができます。

一番の問題は水です。日本の寿司店で見たことがあると思いますが、寿司店は必ず、手酢をつけてまぶしながらポンポンたたいて握ります。手酢というのは水とお酢を1：1で割ったもの。お酢はPH2.0から3.0と強い酸性なので、バクテリアを殺してくれる働きがあります。だから、寿司店は常に、手を殺菌しながら寿司を握っているのに、海外の人たちはそれを水でやっているから、菌がどんどん繁殖してしまいます。

最近では若い方が「オレ素手で握った寿司食えない」と言っているのをよく耳にします。日本の大手の会社では手袋をつけていても定期的に消毒をしていますが、海外ではそこまでやらない店もあります。ただ手袋をつければよいと思っていて、実際にはそのまま普通にお金のやりとりも、手袋をつけたままやっている人たちもいます。見た目は安全なように見えますが、使い方や目的を間違ってしまうと、とても危険になってしまいます。

1．お湯で洗ったときの手についているバクテリア菌

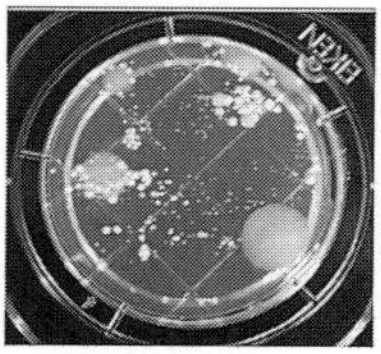

2．薬用石鹸で洗ったときの手についているバクテリア菌

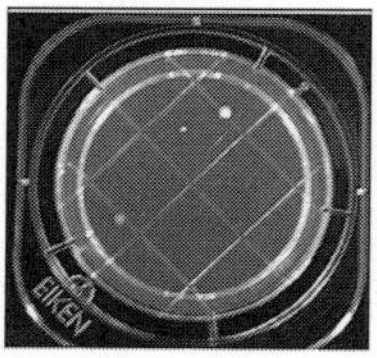

3．手袋を着け10分間寿司を握ったときの手についているバクテリア菌

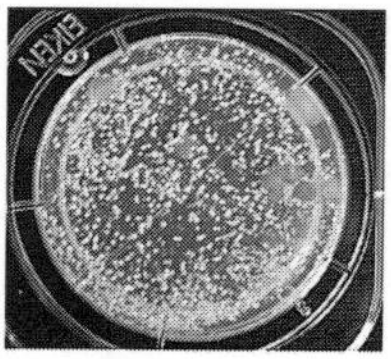

これだけは知っておきたい、華やかな「SUSHI」の想像を絶する舞台裏

「オレも寿司屋になればよかったな。こうやって客と話して、お酒飲みながら仕事できるんだから、うらやましいな」「いいな～小川ちゃん」。寿司店をやっているとお客様からよく言われる言葉です。

お客様が来店し「いらっしゃい」と言ってカウンターに座ったら、寿司を作りながらお客様との会話が弾みます。たまには、お客様から「飲めよ」って勧められて、飲みながら仕事するときもあります。お客様からすると楽しそうに働いているように見られます。

寿司店の仕事は、「仕込み7割営業3割」と言いまして、実は仕込みがすごく大変なのです！

営業とは店を開いている時間、仕込みとはその準備の時間をさします。営業はほんのごく一部で、私が店をやっていたころは、朝5時半に起きて築地に買い出しに行って、店に戻って仕込みにとりかかります。営業開始までのこの時間というのがすごく大変。予約がたくさん入っていると、ひどいときはご飯も食べられないくらい。

仕込みをしたネタをネタケースに入れ、営業が始まって注文が入ったら、すぐにお客様に提供できるような状態にしてあります。実際その裏側がどれだけ大変かというのが見えないんですよね。

もちろん、海外でも一緒なのですが、結局は寿司といったって、ただ魚を切ってご飯の上にネタをのせればいいっていわれますが、魚をさばいて寿司になるまでの、この仕込みにどれだけの思いを込められるか。これは職人によっても違います。仕込みがうまい、仕込みを手間暇惜しまずやっている寿司店というのはおいしいのです。

みなさんに楽しそうだなと言われますが、実際には店の営業が終わってから夜中に仕込みを始めたりもするし、すごく大変なのです。包丁の手入れだって、一日3回ぐらい研ぐときもあります。

次の日の仕込みの準備をしておかないといけないし、朝起きたらその日の準備をやらないといけないし、仕入れにも行かないといけない。睡眠時間2~3時間の日も、まったく寝られない日もあります。

私はこだわっているところは、とことんこだわっていました。自分で納得のいく○○産の△△を目利きして、四季や旬を考えて見極めて。シャリも、毎日湿度を見て水加減を変えていました。私はその時その時の天候や状況に合わせて、米の削り方やブレンドまで精米屋さんにお願いしていました。こだわったらキリがありません。でもそういう風に職人をやっているときがまた楽しい。お客様によろこんでもらうというのが職人にとって一番の幸せなことなのです。見えないところだけど、そこにこだわるかこだわらないかが、お客様に伝わると思っています。

おいしい寿司店は、仕込みでだいたい味が決まってきます。穴子を煮る、卵を焼く、魚を締める、あぶり、氷で締める（洗い）、湯引きなど、いろいろ仕事がありますが、ネタケースに並んだ時点で最高のものになるように仕上げます。あとは切れる包丁でネタをスパッと切って、心を込めてふわっといいにぎりにして、一個のものに完成させる。仕込みが乱雑だと、いくらよいネタを使ってもおいしくない。

いくらも筋子から作ります。胎盤をとるのに、熱湯に塩を入れてかき混ぜます。そのほうが安いしおいしいから。筋子がないときは塩いくらを使いますが、入ったときはまとめて買ってきて、仕込み、自分で醤油につけたりします。

ガリも時期によっては保存が利くので、新生姜が入ったときにたくさん買って、薄く引いて漬けたりもしていました。もちろんなくなったらしかたないけど、なるべく一からやっていました。桜でんぶも作ったし、かんぴょうも一から煮ていたし、卵焼きも自分で焼いていました。

寿司店によっては無口で頑固な職人もいます。それはそのお店のやり方で、お客様も好みがあり、自分に合ったお店を選びます。私のお店は楽しくがモットーでやっていた店だったから、常に笑いが絶えませんでした。いつも幸せそうに、楽しそうにやっているねってよく言われました。

私のお店は2~3人の職人でやっていたからいいけど、人数が多くなると職人同士のケンカも絶えない。私が以前いたところは板前が十人以上いて、先輩によって派閥ができていました。こっち派の先輩に言われてサバを締めていると、あっち派の先輩がなんでこんな仕事するんだよって、文句を言われる。結局板挟みになったり、あいつの言うことは聞くなよと言われたり……。血の気が多く、こだわりを持った人が多い世界なので、ケンカばっかりですよ。みんなお客様の前ではニコニコしているけれど、タチの悪い職人もたくさんいました。実際は私もそう言われていたかもしれません……。

日本思考？海外思考？　考え方ひとつで寿司の意味は大きく変わる

娘が中学生ぐらいのときに、「お父さんのお店はマグロが2個で500円するけど、回転寿司は2個で100円なのよ」と言ってきました。「この違いなんなの？」と。この価値観や味をわかってくださるお客様が、今後どんどん減っていくのかと不安を覚えます……。

「回転寿司のほうがいいじゃん」という意見が増えてきているのも現実です。「じゃあ、あなた、そのネタはどこの産地のものを食べてるの」と聞くと、ほとんどのネタが海外から輸入された魚だったりします。では、日本の魚は誰が食べてるかというと、最近では寿司ブームで海外の人が食べています。今はまさにこれが現実。なぜかというと、海外の人たちは値段よりもよいものを食べようという気持ちが強いので、日本の魚をどんどん買って行くのです。そして、日本人は少しでも安いもの、安く仕入れられる海外の魚を食べるという逆転現象が今起きています。これまでは電化製品や車を外国に輸出して食べ物を輸入していたのが、今は食べ物を海外に輸出して、海外の食べ物を輸入して日本で食べているという状態。

日本は安い安い思考にどんどん移ってきている。よい例が牛丼です。味や質やサービスで勝負しているんじゃない。向こうの店は300円にしたから、じゃあうちの店は290円、向こうが290円にしたらこっちは280円って、結局、価格競争で共倒れになってしまう。安くておいしいというのはすばらしいことですが……。

ドイツでベンツを値下げしますか？ブランドだって、グッチを値下げしますか？という話ですよ。ドイツやオランダや、ヨーロッパのほうでとくにそうですが、ブランドは絶対に値下げしないでしょう。値段と品質を保って、それでもみんながすばらしいと言って買って行くのです。シャネルにしてもなんにしても、ブランドというのは、安い偽物があったとしても、みんなが本物を買いたがる。日本ももっと食に対して、プライドを持ってやってもらいたい。値段じゃなくて、違う価値で勝負してもらいたいです。

２００８～２０１１年頃にニュースになったのですが、海外の寿司店が、日本の初競りでマグロを落とそうとしました。さすがに初競りで海外の会社に落とされたら、日本人として情けないですよね。翌年の初競りのまぐろは縁起ものだから、日本の寿司店と半分半分で買ったという話を聞いたことがあります。ここ近年寿司業界は海外のほうが勢いがありますね。海外に行くと、富裕層が日本と比べものにならない。とにかくお金に糸目をつけないから、いいものを出せと……。マレーシアやタイ、シンガポールでも高級な寿司屋が人気になっています。日本は低価格志向になってしまった。これはさびしいことだと私は思います。

以前、お客様のお子様に「パパ、ここのお寿司回ってないよ」と言われたことがあります。決して回転寿司が悪いとは言いません。私も好きですし。でも回転寿司だけで育ってしまうと、本来の寿司店が「なんでこんな高いの⁉」となりますね。きちんと使い分けるといいですよね。普段は回転寿司だけど、年に二回はいいところで食べるとか。何度も言いますが、決して回転寿司を否定してるわけじゃなく、値段値段だけでやってもらいたくないということです。

安いものを追い求めていると、人件費を減らすしかなく、従業員の給料だって下がります。雇用もダメになって、全体的におかしくなっていく。せっかく日本人は勤勉で作るものの品質も海外で絶賛されているのだから、それなりにブランド化してプライドを持ってやってもらいたいものです。

以前の海外では、寿司といえば巻物というイメージでした。日本では、寿司といえば、巻物よりにぎり寿司をイメージします。その考え方がまったく違っていて、海外に行くと以前なら、私がにぎりをやっても誰も興味を示しませんでした。ただご飯の上にネタがのってるだけじゃないか、というイメージだったのが、２０１１年に『二郎は鮨の夢を見る』（原題：Jiro Dreams of Sushi）という銀座の「すきやばし次郎」の店主であり、90歳を超える年齢の寿司職人・小野二郎氏の物語を描いた映画が、アメリカで公開されて、大ヒットとなりました。寿司職人のあり方が描かれている、ミシュラン史上最高齢の３つ星シェフのドキュメンタリー映画です。これが日本の寿司職人のイメージを変えました。

普段から手を守るためにずっと手袋をつけて、こだわって仕込みをする一つのにぎりに込めた寿司職人の映画で、それからにぎりへの世界の関心が一気に増えました。前まではそんなことは一切なかったけど、海外からにぎりを教えてくれという依頼も増えてきて、周りからの寿司職人への見方が変わってきました。

実際のところ寿司職人と日本料理職人はあまりよい関係ではありません。日本料理は関東や関西など、地域により、流派や派閥があるのですが、寿司の業界は地域によっていろいろな寿司の種類はありますが、全国の組合は一つにまとまっています。

日本料理の職人は、寿司職人を下に見ている人が多かった。日本料理の仕事は大変で、八寸、焼き物、煮物、花板など、一人前の職人になるのにとても時間を要します。最近、寿司ブームとともに寿司職人の見方が変わって、寿司に対するこだわりなど、さまざまな点で見直されてきました。

最近では、職業として寿司職人を目指す人が増えてきています。あとは、その人の性格にもよります。接客や会話が好きな人は寿司職人が向いているし、接客よりも裏方で料理に集中したい人は日本料理の職人が向いています。

海外の寿司店は、基本的に調理場で寿司を作っていますが、最近ではスシバーという形式もあります。薄暗くてジャズの音楽などが流れているところで、ラフな格好をしキャップをかぶって、ディスコのようなにぎやかなところで、ちょっとチャラい男が寿司を作ったりしている。日本の寿司店では、板前がピシッと帽子をかぶって前掛けをして、カウンターでお客様と向き合いながらやってるというイメージがあると思いますが、海外のほうではラフになってきているところもあり、クラブの中で寿司を取り入れたりしている店もあります。

ロンドンの人気の寿司店で、「寿司サンバ」というお店があります。ロンドンの街を一望できて、ノリノリの音楽が流れている中で、モダンな寿司を提供し、ワインを飲みながら食べられるにぎやかなお店です。バンコクでもそういうお店が増えてきました。ショーを見ながら寿司が食べられるお店で、連日満員御礼。それぞれの国で、寿司だけでなくお店の色も進化を遂げている。

私としては、寿司職人として寿司を通じて世界各国のお客様によろこんでもらえて、とてもうれしいことです。

寿司は手軽なんですかね、軽くつまみやすいというのがあるのでしょうか。巻物はちょっとしたお皿にきれいに盛り込めば高級感も出るし、寿司は、いろいろなバリエーションができるのだと思います。イタリアなどでは一口サイズで小さく切った方がうける。香港や上海では厚くボリュームがあった寿司がうけたり、国によって出し方もさまざまで、店の空気によってもいろいろなシチュエーションで寿司を出すことができます。

正しい知識があれば生魚はこわくない！

私は、日本の寿司職人として伝統を教えていますので、まず生魚の扱い方や理論から教えます。サバなどはどうして塩で締めて酢に漬けるのか、いくら鮮度がよくても魚によってはそのまま生で食べられないものがある、というようなことです。

でも、海外の人にはそんなこと関係なくて、鮮度がよければなんでも生で食べられるという考え方の料理人が多くいます。しかし、魚によっては「ヒスタミン中毒」があります。とくに寒流系のサバなどは非常に脂がのっており、アミノ酸の中にヒスチジンという成分が含まれています。そのヒスチジンが劣化とともにヒスタミンという成分に変わります。ヒスタミンというのは中毒性がある成分なので、それを食べることによって蕁麻疹が出たり、アナフィラキシーショックによる呼吸困難になったりするおそれがあり、非常に危ない。

その成分を抜くために、塩の浸透圧で中の成分をしっかり抜いてあげる。だいたい2時間ほど締める。「締めサバ」というと酢で締めるイメージがありますが、塩で締めることが大切。最初に塩をビシッと塗ったくって、中の成分を浸透圧で抜きます。海外の職人によってはそれをやらないで、生で出しているお店もあります。

エビもボイルして開きますが、日本だと開いたあと酢に漬けます。なぜかというと、エビもボイルしてそのまま食べると、トロポミオシンという成分が、甲殻類アレルギーを起こして、体が痒くなる人もいるからです。その成分はお酢に弱く、日本では必ずガリ酢や甘酢につけます。その作業によって甲殻類アレルギーを少しでも抑えることができます。エビやカニは子供が食べるとけっこう危ないのです。

あとは海外では野菜に泥がついたものも平気で、洗わないで使うこともあります。野菜に泥がそのままついてたり、根っこがついていたりするものは本当は危ないのです。日本でも昔、からし蓮根の食中毒で亡くなった人がいましたが、それはボツリヌス菌によるものです。バクテリアの中でも中毒性が強い菌で、酸素がないところでも生きられるので、冷蔵庫に入れていても、密封されても死にません。

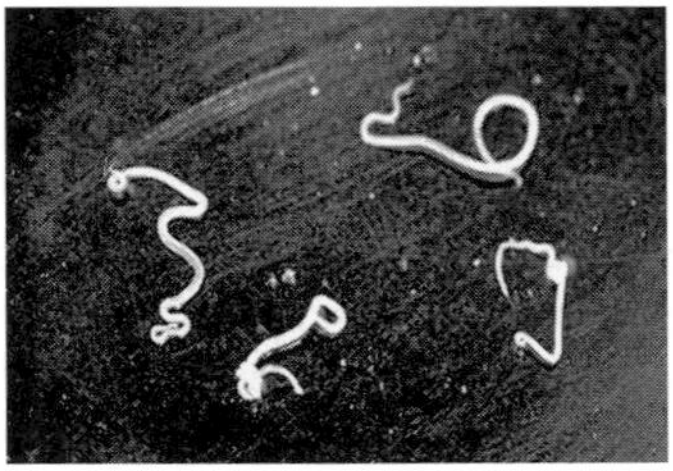
アニサキス

世界中で問題視されているアニサキスなどもそう。アニサキスとは、海の哺乳類に生息している寄生虫です。主にクジラに生息していて、クジラの体内で卵を産み、それがフンとともに流れて、それをプランクトンやオキアミが食べて、それを魚が食べて、卵を産む。最初は魚の内臓に棲む。魚は釣ってから内臓から腐るので、寄生虫はどんどん身のほうに逃げていく。アニサキスは人間に寄生すると、成虫になれず、生まれたら2、3センチの幼虫のままずっと体内にいます。海外の人は、アニサキスがどうしたら死ぬのかを知りません。お酢に漬けたり、塩で締めれば死ぬんじゃないのとか、醤油につけたら死ぬんじゃないかと言うけれど、死にません。唯一、魚についている寄生虫で、人間の体に入っても死なないのがアニサキスなのです。そのもの自体は毒がないけれど、歯が非常に強くて、胃の粘膜を噛んだり、腸に入るとひどいときは命にかかわる。だから内視鏡でとらないといけない。

ヨーロッパ、アメリカは、今では刺身を生で出せないという法律ができました。刺身は必ず冷凍してからでないと出せないのです。

なぜなら、アニサキスを死滅させるにはマイナス20度以下で48時間、それか65度以上で一分間加熱が必要と言われています。2013年からロサンゼルスでは、一週間156時間冷凍しないとお客様に出してはいけないことになりました。でもそうなると商売にならなくなっちゃう。こんなふうにだんだん、アニサキス中毒が世界で問題になってきて、釣った新鮮な魚が食べられなくなってきています。

アメリカがこういうルールを始めたから、ヨーロッパもやり始めたけど、ほかの国ではまだ大丈夫なところもあります。もし冷凍しなければならない法律が世界中で決まったら、もう日本の水産物もアウトかな……。

予防法としては、魚を釣ったり、買ったりしたらすぐに内臓をとる。内臓に棲んでいるアニサキスは、内臓が腐ってくると身に逃げていくので、とったらすぐ内臓をとることです。面倒くさがって、買ってきても冷蔵庫にしまわないでちょっと置いたりすると、それが原因であたったりする。あとは、周りをバーナーで炙るのもいい。百度で炙れば一瞬にして死ぬ。カツオなんか、そうやって調理するでしょう。アジのたたきもそう、白い糸みたいなアニサキスは小さく切れば死ぬから。そういう知識があるだけでもまったく違う。日本にある昔ながらの調理法には知恵が生かされています。

昔はよく親方から、「糸くずとっとけよ」と言われたものでした。それがアニサキスです。私たち寿司職人は、糸くず糸くずって言って、普通に目で見てわかります。でも海外では、その知識がない料理人が多いから、そのまま作って出してしまう。このような教育をもっと早くやるべきだったのかなと感じます。

日本も海外も共通！　調理場は「常在戦場」

寿司屋だけでなく、どこの世界もそうですが、日本でも調理場というのはケンカが絶えません。私が働いていた調理場も、調理器具が飛んだりしていました。もちろん「いいものを出そう」という気合いが入っていて、気性が荒いからケンカになるのですが、海外ではどうなのかというと、まったく一緒！

とくに海外では、民族でケンカをします。異民族同士はすごく仲が悪いのです。私がホテルで働いていたときは、どうしてもインド系の人たちと西洋の人の仲が悪かった。日本人の職人と、バングラデシュ、アフガニスタンの人がいて、すごく不仲でした。日本人がまかないを作る人を毎回民族ごとに分けて、いろいろな国……例えば明日はミャンマーの人が作って、次の日は中国の人が作って、とローテーションで、その人の国のものを作ります。その中でも、イスラム系の人たちは豚を食べてはいけないから、イスラム系の人がいないときは豚を出してもいいけど、いるときは絶対豚を出してはだめだよ、という約束がありました。

彼らは豚を切った包丁ですら使わない。だから包丁も使い分けていたぐらい。でも異民族間で面白くないことがあって、まかないで豚を入れたら大ゲンカ……。日本人にとってはどうでもいいことだと思われるかもしれませんが、本人たちにとっては重大事。日本の調理場では、食に関してのこだわりの争いごとや、厳しい上下関係はありましたが、海外はそういう、仕事に全く関係ないことでもめていたというイメージがありました。どこの国に行ってももめる。楽しそうにやっているところなんてあまりない。忙しくなればみんなカリカリするのは一緒なので、これは世界共通ですが、ケンカする理由が日本と海外では全く違うのです。

調理場以外でも、ホテルにはいろいろな人種の人たちが働いていました。アジア人、東南アジアの人、中東の人、オーストラリア人、アメリカ人もいっぱいいました。そうなると、結局は先進国、ヨーロッパやアメリカの人たちが権限を持っているように感じました。なぜか、ほかの人種の人は彼らにこき使われているというか、馬鹿にされていた感じでした。接客は経済的に豊かな国の人がしていますが、ハウスキーピングや掃除はだいたい発展途上国の東南アジアの人々が多かった。

人種や国の経済レベルで、働く場所が決まっているみたい。それをすごく感じていました。オーストラリアで働いているときに、アメリカで同時多発テロがありました。そのニュースを見て、当事者どうしの国の人たちがケンカになって……。働いていて嫌になることがよくありました。

同じ会社で働いている、同じ仲間同士なのにケンカが絶えなくて、自然に人種ごとのグループができていて、国の情勢と同じように、職業も仕事内容も違ってくる。

私は日本食レストランで寿司職人として働いていたので、さほど差別は受けなかったのですが、それを目のあたりにしたときに、すごく嫌な気分でした。

どうしても国の経済状況で、相手を見ている。それは本当に怖いことで、一人の人間のせいで、その人の国全部が嫌いになってしまうことがあります。これは寿司でも気をつけなければいけない。一人の寿司職人が悪いことをしたことで、寿司のイメージが崩れてしまう可能性がありますから。

寿司サムライが物申す、海外で木製の調理器具は禁止！

今、木製の調理用具が禁止になっている国が増えてきています。アメリカもそう。ロサンゼルスやニューヨークでは、木製の、例えばしゃもじや飯台が使えません。日本の道具って木製の物が多いでしょう。まな板だって昔はみんな木製でした。今でも日本の調理場では木製を使っているし、しゃもじも、寿司の世界でいうと椹細工の飯台や、シャリ切りや巻きすもそう。包丁の柄の部分まで、とにかく日本の調理器具は木が多い。それが今、海外では使えないのです。法律で使っちゃダメということになり、海外の職人が困っています。

海外の職人は日本の包丁を使いたいのに、取っ手が木製というだけで罰金をとられたり、木のシャリ切りなども使えないから、ステンレスボールみたいなもので切っていたりします。巻きすに関しては、ぐるぐるとラップを巻いている。そんなことしたら、よけいに不衛生だろうと思って、一度ある国の保健所

木製のシャリ切りと飯台

の人たちと話をしました。

あなたたち、何を根拠に木製のものがダメだと言っているのですかと。向こうは木はいろんな菌が付着したり、水を吸い込んだりするものだから、汚い菌まで木が吸い込んで、食中毒の原因になるなどと言うのです。

人の口に入るものは何が何でも木の製品はダメなのか!?と少しもめました。頭にきて、「だったらワインの樽などはステンレスにしないのですか？」と言ってやりましたよ。日本では飯台なども、お酢をかけて混ぜることによってきれいにコーティングしています。いい意味で水分を吸いとってくれるし、なじみやすい。濡らして使うからきれいにお酢がコーティングされて、包丁を握った手で寿司を握ることによって、木全体が抗菌されます。

ワインやウイスキーでも、楢細工など木によっては抗菌性があるものもあるし、ちょうどいい塩梅の発酵ができます。そういういい部分もあるのに、全部木がダメというのはおかしい。「ワインの樽もステンレスになったらどうするんだ!?」なんて、大人げないことを言いましたが、一概に木製が全部ダメというのはどうかと思いました。よけいな水分が抜けないからシャリがビチャビチャになってしまうし、酸性のお酢にはステンレスを使うのはよくないのです。

海外の高級ホテル料理長が語った「うちの魚は日本から仕入れているから安全だ！」

インドにも何度か行ったことがありますが、この国では魚がすごくとれます。でも、魚の扱いがまだまだ……。でもしっかりとした知識と技術があれば、日本と同じ料理が作れる可能性があります。そこで、私が現地の魚を使って、江戸前寿司を作ってみました。市場では40度の灼熱の中で売っている魚でしたが、今までの経験で培った目利きで選んで、仕込みをすれば安全でおいしい寿司が作れました。すると、日本の駐在員の方が絶賛してくれて、「これが全部現地のものなのか!?」と言って、驚いていました。インドの調理人の方々にも講習会で見せたら、みなさん驚いて会場は拍手に包まれました。

インドで、某高級ホテルの優秀なインド人シェフが挨拶しに来たときに、「うちのホテルは全部日本から魚や寿司ネタを仕入れているんだよ」と言っていました。「ハンドキャリーで、高いお金払って全

インドの市場で仕入れる

部仕入れてるんだよ」って、得意げに言っていました。だから、うちは安全だってプライド高そうに言っていましたが、出てきた寿司が鮮度も悪くおいしくなかった。

とても衝撃的でした。彼らは「これは全部日本から仕入れたものだから、最高品質だし、全然危なくないんだ、安全なんだ」とずっと言っている。「セイフティー、セイフティー」って。ここで私が言いたかったのは、いくら日本から仕入れて鮮度がよくて高級なものでも、扱い方と知識がなかったら危険な食べ物になってしまうということ。

すべてインドの食材で作った寿司

逆にインドみたいな炎天下で、生魚は危ないなと思っていても、知識と技術があれば安全においしいものが作れます。一概に日本から仕入れたから安全だと、鮮度がよいから安全だ、という思い込みは逆に危険です。知識がなければ、一発で危険な食べ物になってしまう。とはいえインドでここまで寿司が普及しているとは思いませんでした。

また、インドの料理人は非常に真面目で、この国の調理師会全体が一丸となって活動をしており、私たち日本も見習わなければならないと実感しました。今後、インドでおいしく安全な寿司が提供できる日は近いと思いました。

シャリは冷やして提供　海外の寿司販売事情

日本では、寿司をお客様に出すのに、温度についての規定がありません。寿司のシャリの温度は何度がいいかというと、人肌が一番いいと言われています。なぜかというと、人間の舌や味覚は、人肌が一番敏感に感じるようになっているからです。

ビールも冷たいとのどごしがよくておいしいけれど、常温のビールだとオエッてなるのと一緒で、一番味覚を感じるのは常温。人間の体温と同じくらいの温度、30～40度。やっぱりシャリも甘みを感じるのが常温。それにネタが合わさったときに、ネタの冷たさとシャリの温度がちょうどよくあいまって、最高のものができます。

アメリカではお客様に寿司を提供するのに、10度以下じゃないと提供できない決まりになっています。もしくは65度以上。ベルギーなどは4度以下。そうなると寿司が冷たいのです。冷蔵庫で冷やして、4度以下じゃないとお客様に出してはいけないという法律が海外でもできてきました。なぜかというと、バクテリアが発生しない安全な温度が10度以下なのですが、一番ベストなのは4度以下。10度以上になると、30分後に少しずつバクテリアが繁殖してきます。

2時間以上経つと一気に繁殖するから、できるだけ2時間以内で食べろというのが基本的な生ものの提供ルールといわれています。そういう状況だから、アメリカやベルギーでは、一生おいしい寿司は食べられないのかな……。

先ほど述べたアニサキスもそうですが、料理のおいしさよりも安全の理屈を一番に考えています。それでも手袋を使ったりして食中毒が起きたりしているので、そもそも何を直していかなければならないのか、安全でおいしいとは何かを、海外の人たちももっと考えるべきじゃないかのかなと思います。

国によって、みなさん大変な思いをしています。4度以下にして寿司を出しているベルギーはすごいなと思います。生魚に対しての、寿司に対しての法律もできてきました。でも、それは食中毒が発生してきているという現状も反映しています。

「目で盗め」「見て覚えろ」は通用しない海外の寿司事情

昔、日本の寿司職人の世界は技術を教えてはくれませんでした。先輩に聞いても教えてくれない。後輩が覚えてしまうと、自分の立ち位置も危ないからです。先輩たちも辛い思いして覚えてきたものだから、そう簡単には教えてくれません。私たちは見よう見まねで、先輩がやっているのを見ながら自分で覚えます。寿司職人の修業は「目で見て盗んで覚えろ」の世界なのですが、海外ではこれが一般的ではない。海外の人たちは「どうしてこうなのか？なぜこうなのか？」というのをいちいち言わないと通用しないのです。

教えない職人は、いくら技術があっても信用されません。とくにフランスなどでは、称号を与えられ、国が認めたシェフは、きちんとした論文などが書ける人でないと、周りからは認めてもらえない。海外の職人、シェフは理屈を求めるのです。

日本では、職人の「勘」が多いのですが、海外では、「こうだからこうすることによってこうなんだよ」という、理屈が通らないと下がついてこないのです。

日本の料理人がいろいろな国に行って、活躍されているけど、その下で働く現地の人が、日本の職人は仕事を教えてくれないと言うのです。「目で見て覚えろ」ばっかりで、技術を教えてくれないと言われる。私はいとも簡単に海外で教えてしまうから、現地の料理人にすごくよろこばれます。

「教えなきゃお客様によろこんでもらえないじゃない」と私は思いますけどね。このようなことをやっていると、海外で働いている日本の職人や、日本で働いている職人からもバッシングを受けることも多々あります。「お前はなんで海外でそんなに簡単に仕事を教えちゃってるんだ」と。でも海外ではそういうのは通用しない。理屈でしっかりと教えてあげる日本の職人はどんどん人気が出て海外でも活躍しています。

3

日本の常識は通じない!?
寿司サムライが気づいた
SUSHIの「驚愕」事情

見習いの皿洗いなんて存在しない、海外の調理現場

日本ではよく、皿洗い3年といわれます。一方で、海外では料理人は料理しか作りません。皿洗いは皿洗いの専門職があって、掃除する人も専門にいて、仕事が完全に分かれています。だから日本みたいに最初に皿洗いをやって掃除をやって、支度が全部できるようになって、それから料理人……というシステムがない。

オーストラリアで働いていたときには、シェフでもランクがあって、「キッチンハンド」「デミシェフ」「コミシェフ」「シェフデパーティ」「ジュニアシェフデパーティ」「スーシェフ」など順番に上がっていきます。昔からあるフレンチの世界のランクで、デミシェフの人はここまでしかやったらダメとか、これ以上やるといけませんよ、みたいな決まりがあります。

不思議だったのは、ホテルで料理長がキッチンハンドにやらせてしまった仕事が、本来はさせてはいけなかったようで、「私はこれをやらされてしまった」とキッチンハンドのシェフに訴えられたことがありました。そのくらいランクによって仕事の内容が異なるということです。キッチンハンドは包丁を持ってはいけないとか、皿洗いの人がシェフみたいに料理を作ってはいけない、というルールが厳しくなっています。日本では手が空いた人が忙しいところに入って、どんどん料理を提供していきますが、

海外ではそういうのがありません。このポジションはこのポジションの人だけがやって、別のポジションで暇な人は腕を組んだまま……。

「それぞれのポジションで集中してやっている」といえば聞こえはいいけれど、悪くいえばチームワークがないと感じます。日本なら、皿洗いの人でも、ちょっとした仕込みとかで、エビの皮むきをやったり、私たち職人も皿が積まれていたら洗うとか、みんなで忙しいところにどんどん入っていこうというチームワークがあるけど、海外ではそういうシステムがない。だから、下積みという日本ならではの文化が取り入れられないのです。

私が修行していたときは、親方の家に住み込みで入って、洗濯や掃除、親方の身の回りの世話をし、ずっと一緒に住んでいました。そのときに親方とよい関係が築けたし、絆みたいなものが生まれるようになっていました。最初は出前もちをやって、皿洗いをやって、魚のこけ引きをやって、もちろん最初は寿司なんて握らせてくれない。逃げ出したくもなったけれど、だからこそ辛いときを思い出して、いつでも初心に戻れる……。

海外の人たちは、シェフは最初からシェフで、作るだけです。汚れた皿が溜まっていても、「俺はシェフだから皿洗いやんないよ」と言われてしまう。私が皿を洗っていると、「やらないでくれ」と言われてしまう始末。文化の違いだからしかたがないにしても、ちょっとさびしい感じがします。シェフは、後片付けもやらないで、作ってオーダーを出したら、まな板から何から全部を置き去りにして帰っていきます。あとはそれを洗う人たちが専門でいて、全部きれいにしていく。日本では考えられません。私はやりっぱなしというのは嫌なので……。

私たちの間でよく言うのですが、「物の整理は心の整理。感謝を込めて後始末」と。自分が使ったまな板は自分で洗わないと嫌。誰かに洗ってもらうのは信用できないし、最後まできれいにしてその日の仕事が終わります。私は全てをやってこその一つの料理だと思っています。

ある有名人が「3ヶ月間皿洗いなんかやってるのは時間の無駄だ」と言っていました。「それなら、3ヶ月学校行って覚えちゃった方がいいんじゃないか」と。

それも一理あると思います。でも、皿洗いをやってよかったこともありますし、下積みは実際には無意味ではないです。忍耐力とか、感謝の心、物の大事さや相手の気持ちなどを学ぶことができます。下積みの努力があるからこそ、うまいものが作れると親方からも言われてきましたので、この方みたいに実践、効率、生産性を追求するのはすばらしいことかもしれないけど、修行や仕事の辛さを知れば人の痛みもわかりますし、職人としての精神性を磨いていけるのかなと思います。自分がやられたからやるんじゃなくて、自分がやられて嫌なものはやらなくて、料理人としてもっとよい方向に持っていけるのではないかと思います。

ご飯に直接!? 外国のシャリ事情

海外に行くと、ガスにせよ、電気にせよ、日本の炊飯器がどれだけ優秀かというのがわかります。海外ではＩＨが多く、電気釜が多い。しかも電圧もちがいます。日本だと１１０とか１００ボルトだけど、海外だと２２０ボルトとか2倍近い電圧なので、ドライヤーなどはめちゃくちゃ強い。

電気や暖房ではよいのですが、この電圧でご飯を炊いてしまうと大変。ご飯を炊くときによく言われる「最初ちょろちょろ、中ぱっぱ……」その弱火でじっくりじっくり炊いていくほうがおいしいのに、電圧が強い国に行くと周りは炊けているけど、中は芯が残っていたりなんてことがよくあります。

また、しっかりとした米の研ぎ方も知らず、酢飯の作り方も見様見真似で作っているお店もあります。お酢を混ぜるのは、一回火が止まってから、大体15分から20分蒸して、それから切るのが一番よい。飯台を使って切るようにシャリを合わせます。そこから飯台やコンテナに移します。

海外では、炊飯器にそのまま直接、炊いたご飯の中に酢を入れてしまうのをよく見ます。そうするともちろん熱いから酢も酸味も飛ぶし、湯気が出るから結局水分が出て酢を混ぜたときにシャリが水っぽくなります。酢飯はご飯に酢をかけて混ぜるのですが、みんな、米の中に酢を染み込ませると勘違いしています。これは間違い。酢を混ぜたときに、米のまわりを酢でコーティングしてあげるのが正解。

これが本当に大事です。海外ではこれができてないので、酢を中に染み込ませようとしている。酢は抗菌性が強いので、これをしっかりと米のまわりにコーティングすることによって、米一粒一粒に殺菌作用ができる。これが握ったときに魚に着いたバクテリアを殺してくれるし、置いたときにまな板についているバクテリアも殺してくれるのです。こうするには、熱いうちに酢を混ぜないと、米のまわりにコーティングできません。時間が経って冷めてしまうと、米はスポンジ状態になるので、穴が空いてしまう。そこに酢をかけてしまうと、酢が米の中に全部吸い込まれてしまう。そうすると米一粒一粒に抗菌作用がなくなってしまいます。

まず熱いうちに混ぜて、風を当ててあげることによって、きれいにコーティングする。風を当てるのは、温度を冷ますためでもありますが、米の周りにコーティングするためでもあるのです。

日本でもご存知ない方もいらっしゃると思いますが、こういう知識が安全においしく食べていただくうえで大事なことです。

「つけるもの」から「飲むもの」へ!? 日々進化し続ける海外の醤油事情

お米は基本的に大きく分けて短粒、中粒、長粒と3種類あります。短粒種は主にジャポニカという日本でよく食べるお米。中粒種は、カリフォルニア米みたいな中くらいの長さのお米です。あと、長粒種は、インディカ米といってタイ米みたいな長細い米です。寿司飯に最適な米はうるち米（短粒種）です。炊くとしっかりした形を残しながら、やわらかく粘りがでます。また、かむほどに味わいがあり、甘味があります。

日本古来の米作は水稲で作られています。

カリフォルニア米のような中粒種の米は陸稲が多い。主にアメリカ、オーストラリアで栽培されます。昔は水分も少なく、パサパサでしたが、ここ近年、品種改良されて中粒種も炊くと粘りとツヤがでるようになり、寿司にも適しています。

一方で、インディカ米など長粒種とよばれる細長い品種は、粘りが少なく、寿司飯には適さない。こういうパサパサした米は、ソースを絡めたり、チャーハンなど味をつけるものに適したお米です。

海外では、どちらかというと長粒種を食べている国が多いです。なぜかというと、白いご飯を食べる習慣がないので、必ずソースなど味をつけて食べるから。

海外では、寿司を作ってもソースなどで何か味をつけないと食べられない人が多い。そうすると、寿司でも、シャリにたっぷりと醤油をつけて食べます。もう、醤油の味しかしないくらい。私たちが見たら食材のうまみどころじゃない。そうなるのは、ソースを米に絡ませるという習慣があるからです。

塩分が強いため体にはよくありません。海外では醤油は結構値段も高く、しかも塩分が強いから、たくさん使うと喉も乾きます。

ヨーロッパの寿司を扱っているお店では、醤油を水でうすめているところもあるそうです。私も以前、ヨーロッパの寿司店でお寿司を食べたときに、何か醤油がうすいなと思って、店員に聞いてみると「水で割っている」と言うので、驚いたことがありました。醤油たっぷりにワサビを溶かして、シャリにたくさんの醤油をベタベタつけて食べる。そのような食べ方を海外ではよく目にします。

また、なかには、深めの小皿に醤油をたくさん入れ、その中にお寿司を入れてお茶漬けみたいに食べる人も見かけます。お客様一人で、醤油一瓶分が空になってしまうほど……。醤油が、つけるものではなくて飲むものになっているようです。

にぎりは一分あればマスターできる？　驚きの○○を使ったにぎり寿司

海外で最近少しずつ、にぎりに対する興味をもってくれるようになってきましたが、まだ、ごく一部のお店だと思います。ほとんどの国がにぎりというものに興味がない。みんな寿司といったら巻物で、巻物を綺麗に盛って、ソースをかけて色づけするのが、海外の寿司の主流。おしゃれでモダンな寿司です。

一個のにぎりはとてもシンプルだから、海外の人からすると「誰がやっても一緒だよ」と思うらしいのです。ご飯の上に魚がのっているだけのイメージしかない。

でも、私からすると、魚を切りつけるにしろにぎりにしろ、職人によって、全く味が違います。それがまだまだ海外で広まらず、型に入れて寿司を握っているところが多い。「にぎりの作り方を教えて」と聞くと、「型があるだろ、下にマグロ入れるだろ、マグロの上にご飯を入れるだろ、ハイ型から取り外してにぎりだよ」という感じなのです。

型に入れて作られた寿司

人気のチョコレート寿司　毎日がバレンタインデー

私たちのイメージする寿司といえば魚介類ですが、最近では回転寿司を中心に天ぷらやハンバーグなどが寿司にのっかっているのをよく見かけます。以前、ブラジルのクリチバに行ったとき、寿司がお菓子感覚で売られていました。ケーキ屋さんに寿司が並んでいたり、チョコレートを使った寿司があったりします。

例えば、イチゴとチョコレートが入った巻物で、ご飯の周りにきれいなアーモンドみたいなものを巻いて、甘くして食べるところもあります。ベルギーで見たお寿司は、丸い型に詰めたマグロをタルタルソースで味つけして、ちょっと苦味のあるチョコレートをのせた寿司が流行っていました。食べてみたらマグロのタルタルソースとチョコレートの苦みがあいまってとてもおいしい。

メキシコでは、チョコレートを裏巻きに巻き、周りにイチゴをつけ、激辛ソース（メキシコと書いてある）をつけて食べる不協和音……。チョコレートを使ったいろいろな寿司が誕生しています。甘いチョコレート寿司はちょっとイケてなかったけど、やりようによってはこういうものもありかなと思いました。

誕生日プレゼントにプチケーキをいくつか買っていってあげるように、最近ではプチお寿司みたいな、型にはめた寿司がケーキと同じように並んでいて、それをお客様が「これ何個ね、あっちは何個ね」と選んで買って帰る。そういうお洒落な寿司が増えてきています。

このように、チョコレートは最近いろいろな国で、実際に寿司に使われています。あと数年したら日本にも入ってくるのではないかなと私は思っています。回転寿司も、天ぷらとかハンバーグが寿司になって、当たり前のように並んでいます。だから今後、デザート感覚の寿司も増えていくのかなと思います。バレンタインに寿司チョコレートが出るんじゃないかな。恵方巻も一気に浸透しましたからね。ビジネスの力はすごいものを感じます。

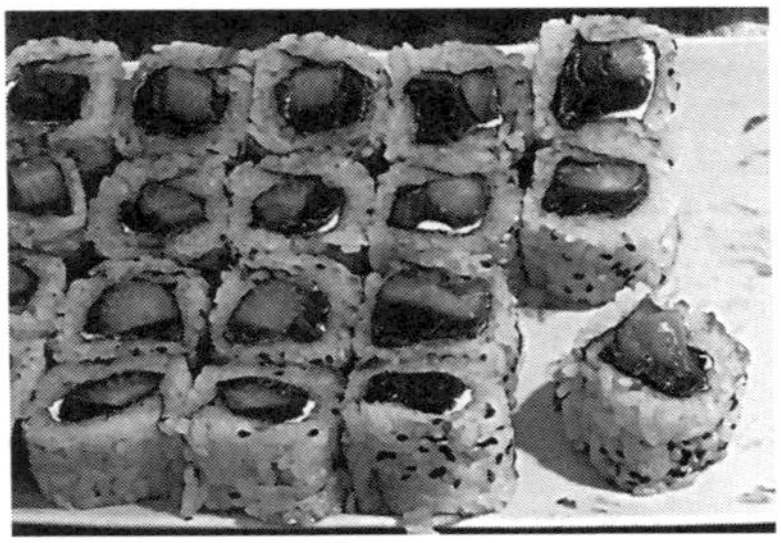
イチゴとチョコの巻寿司（ブラジル）

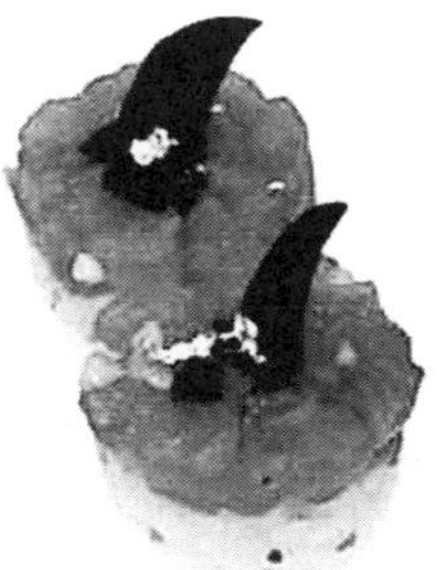
ケーキのような寿司（ベルギー）

チョコレートの裏巻き寿司（メキシコ）

日本の寿司に対する固定観念がだんだん崩れてきています。昔は寿司といったら魚介類を使ったにぎりだったのが、最近は魚介類と関係なくいろいろな種類のネタが入ります。少しずつ海外からのお寿司が逆輸入みたいに日本に入ってきて、それが今ブームになっている。寿司からＳＵＳＨＩへと進化しているなと感じています。

ホクホク、アツアツ　LOVE LOVEなHOT寿司

南米に多いのですが、魚を生で食べる文化がないので、揚げた寿司を提供しているお店をよく見かけます。南米の人たちは揚げ物が大好き。もちろん世界中で揚げ物は人気があります。

最近よく見かけるのが、ロールを巻いて、それに衣とパン粉をつけて揚げるようなもの。日本の寿司は、どちらかというと魚の鮮度が大事だから、冷たいイメージがありますが、南米の寿司はホットな食べ物というイメージなのです。お客様から注文が入ったら、巻物に小麦粉や衣をつけて油に入れて揚げます。ご飯も熱々な方がおいしいそうです。魚は生で巻くんだけど、油に入れれば火が入ります。それにチリソースやトマトソースなどさまざまなソースをつけて、揚げたてをサクサクっと食べる。シャリも揚げると意外においしい。本当に寿司の定義というものが国によって違うのだな

と思います。

外国の人はお酢が好きですね。どこの国も共通で酸っぱいものが好き。お酢を使っていない国はまずないと思います。日本人以上に外国では酢を使います。

野菜に酢を入れて合わせたり、タイでもレモン絞って入れた酸っぱい料理があるし、有名なトムヤムクンスープも酸っぱい。お酢が好きなので、ご飯に酸味が入っているだけでもおいしく感じるようです。アミノ酸やタンパク質を分解してくれるのでうまみを出してくれるのでしょう。

アツアツに揚げたロール寿司

ビールのつまみにビール寿司

チェコではビールがすごく有名です。一人あたりのビールの消費量はチェコが世界一とも言われています。ビール工場もプラハだけで100軒以上あり、あちらこちらでビールを飲んでいる人を見かけます。プラハの寿司店に行ったときに「プラハ寿司」というのがあって、マグロのにぎりで上にトッピングがのっており、食べてみると、日本でいうマグロのヅケに似ていました。マグロのうまみが口いっぱいに広がり、ほのかに苦味と甘みがあってそれがよいバランスでおいしかった。

そこの職人にどうやって作ったのと聞いたら、マグロをビールに漬けたと。ビールと醤油に漬けて、西洋わさびと刻んだ青リンゴを上にトッピングしているそうです。

チェコは海がない国。魚介類は、どこから仕入れるのと聞いてみたら、ドイツのフランクフルトから週2回仕入れていると言っていました。

チェコのプラハ寿司

生魚は扱うのが難しいので、スモークにしたりとか、漬けとか、酢締めにしたりして、お客様に出しているそうです。冷蔵庫がなかった時代の昔の日本のようです。そこでひらめいたのが、チェコで有名なビールに漬けて、その寿司をつまみにしてビールで流し込む。なるほど……これは粋な食べ方。海外の寿司シェフでも日本に負けない粋な職人もいるんだなと、この寿司を食べながらうれしく、感心しました。

オシャレなスイーツ、お寿司なスイーツ

アフリカの多くではあまり魚を食べるという習慣がなくて、主に肉食です。ということは寿司も肉を使ったものが多いのかなと思いきや、実際はデザート感覚の寿司も

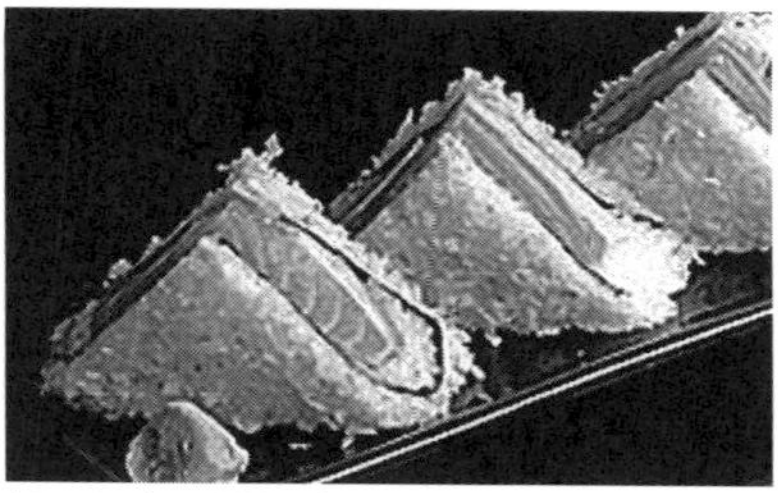
サンドイッチ風の寿司

ドーナツ型の寿司

誕生しています。米を潰して巻きすを使い、四角く形を整えて、シャリの上に海苔を敷いて、その間にバナナなどの果物を入れ、巻物ではなくサンドイッチのような形や、ドーナツ型をした寿司もあります。しかしながら、食べるときはわさびや醤油をつけて食べる。そこだけは理解できないのですが、日本の文化も交じって私としてはうれしくも感じます。

パンチの効いた激辛寿司にノックアウト！

メキシコで寿司を食べたとき、驚いたのが色々なソースをつけて食べるスタイルらしく、ツナ巻きなどを注文しても、つけるソースの味が強く、マグロの味が全くわかりません。すごく甘いソースや激辛のソースが塗ってあったりするので、素材の味よりもソースにこだわっている印象を受けました。

マヨネーズに激辛ソース、生の唐辛子を入れて混ぜ合わせたようなソースに、お寿司をつけて食べます。全く食材の味がしない、何を食べているのかわからない、ただひたすら辛い。メキシコ流の寿司です。

メキシコはタコス感覚で、いろいろな辛いソースとか、しょっぱい味の濃いものが多いです。イタリアのほうだと醤油を使わず塩とレモン、オリーブオイルにつけて食べたりとか……。とても面白いですよ。

食べ方も国によってさまざまで、以前私がオーストラリアで寿司を握っていたとき、左にイタリアのお客様、真ん中に中国のお客様がいて、イタリアのお客様は、お寿司をフォークとナイフで食べていました。それを見た中国人が、横でくちゃくちゃ音を立てながら食べていました。中国では音を立て食べるのはマナー違反ではなく、それを見てイタリア人のお客様がフォークとナイフを持ちながら顔を引きつかせ食べている光景。実に面白かったです。

食材や食べ方はその国々さまざまでもちろん文化もさまざま。その国に似合ったお寿司がどんどん誕生して進化しています。日本のＳＵＳＨＩがいろいろな国で食べられ、進化を遂げているのはとてもうれしいことです。

氷が溶けたら？「水になる」では通用しない「○○になる」発想

よく日本の実力のある寿司職人や人気店が海外に進出し、お店を出したけどお客様が入らなくて、結局通用しなくて日本へ帰国するといったことを聞きます。

これはよくあることなんです。なぜかというと、日本の寿司だからといって売れるわけではないのです。日本の職人も、日本の食材と日本の魚があるから、うまいものが作れる。でも、海外で食材が手に入りにくい国でやるのは、調理場も違うし、お米を炊く水も、外国の硬水と日本の軟水では全然違う。メキシコなんかは標高2千メートルあったら、沸点も違います。

また、言葉の壁もありコミュニケーションも大変です。

そういう環境が全然違うなかで、日本で当たり前にできることができません。

氷が溶けたら水になるという、当たり前の発想では、海外に行ったら通用しません。

「氷が溶けたら水になるというのは当たり前のことだけど、氷が溶けたら春になるんだよ」というような、海外にいったときはそういう柔軟な発想を常にもたないと、やっていけない。これは寿司でなくても、どんな職に対しても当てはまることだと思います。

4

寿司サムライから物申す
海外シェフへ伝えたい
6つの主張

修業を積もうぜ！　一日で寿司職人なんて絶対に認めない

国によっては寿司の調理という仕事を甘くみている人もいて、ガムを噛みながら、ひどいときはくわえ煙草をしながら寿司をつくる人もいます。寿司職人なんか簡単でしょうとか、誰でもできると思っている人もいます。私が海外で「寿司職人です」というと、馬鹿にされることもあります。確かに、海外では寿司職人でもチャラい格好をした人も多い。

調理法もシンプルで「巻くかシャリにのせるかしかないじゃないか」と言われることもあるくらいです。あんなの料理じゃないと言われることもあります。そもそも海外の人はあまり生魚を扱わないし、寿司は調理設備もシンプルに見えるようです。

海外の人は、寿司は誰でもできると思っているから、ユーチューブで寿司を学ぶ人が多くいます。寿司をつくる過程よりも、見た目の一番綺麗で派手な部分しか見ない。しかし、一番大事なのは基本の部分です。素材を選んだりとか、包丁を研いだりとか、魚を卸したりとか、切りつけなどが大切なのです。寿司を簡単に考えている人が調理すると見栄えはいいけれども、味が悪かったり、あるいは危険なものができあがってしまう。

「寿司なんか一週間もあれば十分一人前になれる」なんていう人もなかにはいます。

どんな料理でも、一週間で一人前になり、プロとして食べていけるようになるものなんてないわけで、寿司がそのように思われていることがすごく悔しいです。

そのような国がまだまだあることが現状で、しっかりと勉強を、修業をしてくれよ、と思うときがあります。

高カロリー万歳、低カロリー犯罪！「寿司＝ヘルシー」の勘違い

私は仕事でいろいろな国へ行くのでその都度、各国の寿司店に出向き寿司を食べにいきます。その国によって寿司のスタイルや食材、店のデザインなどはさまざまで、とても興味深く勉強になります。


そこで私が一番思うことは、海外の寿司はとても高カロリーだということです。

隣で寿司を食べているふくよかなお客様に「お寿司は好きですか？」と聞いてみると「大好きよ！だって、とてもヘルシーだしダイエットにもよいじゃない」と。

エビとサーモン、マヨネーズ、アボカドを裏巻きにし、さらにパン粉で揚げ切って盛りつけたあと、得体の知れないソースとダメ押しに天カスをふりかけた脂ギトギトの寿司を食べながら……。

私はその寿司を見ながら言葉を失い、うなずくことしかできませんでした。

このようなスタイルの寿司を多くの国で目にします。

海外の寿司の特徴として、創造性がありソース文化でもあるので、未知なる味を作ります。調理方法、調味料、いろいろな技法を用いて料理する志向があります。

逆に日本の寿司は、食材のうまみを味わい、いかにその食材を引き立て、表現するかを考えます。また、日本には春、夏、秋、冬と四季があります。一番おいしくなる時期、そのときに入った「旬」を楽しみます。

日本の寿司は基本的に醤油をつけて食べます。海外に行くと醤油以外に甘いソースや、いかにも辛そうなソース、香辛料が出てきたりします。

仕事で海外の寿司店から、調理指導の依頼で調理場に入ってみると、寿司を握るすぐ近くに揚げ場が設置してあったり、いろいろな香辛料やソースを作っていたりと、日本の寿司店では考えられない光景を目にします。

聞いてみると「魚には味がないから、味にパンチを効かせるために、いろいろな調理をしたり、ソースを作っているんだ」と言われ困惑したときもありました。

寿司を作る側がこのような高カロリーのＳＵＳＨＩを提供し、それを食べているお客様がヘルシーと思い込んで太っていくのだから……。

包丁は100円ショップで買いなさい！

寿司を作る上で包丁はとても重要です。日本の職人の中では「包丁は職人の命」というくらい大事になります。

最近、海外に行くと、どこの国でも日本の包丁を使っている外国人の寿司シェフが多くみられるようになりました。見てみると、私も持っていないような高価な包丁を使っている人が多く、すごいなと思う反面、ほとんどのシェフの包丁は全くというほど切れません。中には手入れもしてないような錆だらけの包丁も目にするくらいです。

和包丁の大きな特徴は、片刃で作られていることです。両刃だと食材の圧力が両側からかかるので、その分反発が大きくなる。一方で片刃は食材からの圧力が片側にしかかからず、反発が少ないので力が加えやすいのです。

また、片刃は食材に刃がついていない面をぴったりとくっつけて切ることができるので、切り口がとてもきれいになり、さらに切り込んだとき左に刃が食い込んでいくので、その抵抗を利用し刺身を切ったとき、表と裏を作る特徴を持っています。

両刃に比べ食材がくっつきにくく、刺身にするときとても便利です。

和包丁は日本の職人が切れ味、頑丈さ、美しさを追求した一つの集大成でもあるのです。

しかしながら、いくらよい包丁を買っても「研ぐ」力がなければ包丁をダメにしてしまいます。和包丁は砥石を使って砥ぎ、切れ味を鋭くします。その知識がなければ切れ味が悪くなります。ひどいシェフになると砥石すら知らない人もいます。

私はよく海外にダイソーで買った百円包丁をもっていきます。しかもしっかりと研いだ切れ味抜群の百円包丁です。その包丁で刺身を切ると、「よく切れる包丁だね」とみんなから言われます。そこでこの包丁は百円だよと言うと、みんなすごく驚きます。

いくら高い包丁を購入しても研ぎ方がわからなければ、一ヶ月もしないうちに切れなくなって、そのまま使わずに包丁は眠ってしまいます。逆にいくら安い包丁でも、しっかりと研ぐ技術があればよい仕事ができます。例えば5万円の包丁を買ったとします。一か月で切れなくなったらそこでおしまいです。それだったら百円包丁を5百本買って5万円です。一日中使って切れなくなって捨てても、5百日もつということです。

包丁を砥げない方は百円包丁をお勧めします。

魚は味がない!?

どこの国に行っても、海外の人たちは、寿司に醤油やソースをガッツリとつけて食べています。話を聞いてみると、「魚には味がない」という。

日本人は、五味という五つの味覚をもっています。甘い、しょっぱい、すっぱい、苦い、そして「うまみ」の五つ。

「うまみ」というのは日本人が発明した言葉で、世界中で使われています。「うまみ」とはアミノ酸の一種で、グルタミン酸とイノシン酸とグアニル酸という成分によってできており、主に代表的なのが、こんぶ（グルタミン酸）、かつおぶし（イノシン酸）、干ししいたけ（グアニル酸）に含まれている日本の三大だしです。

日本料理は、この三つでだしをとって作られています。海外の人たちはこの「うまみ」を感じない。だから、海外の寿司は、ソースを作ることに重点が置かれたのでしょう。

こうして、海外では、日本食や寿司の一つの基本が失われてしまう。寿司を味わう一般の人にも、さらに作る側の料理人にも「うまみ」という味覚がないので、海外の料理人たちの仕事にも味がなくなってしまう。

よきパパは家でやれ！　指輪外して寿司握れ

どこの国でもよく見かけるのですが、海外の寿司シェフが寿司を握る際に、結婚指輪をしている人が多い。

話を聞いてみると家族が一番で仕事が二の次だから外せないと言う。さまざまな事情があるのはわかります。けれども料理人として、お客様に食べていただくのが仕事。衛生的にも、何らかの対処をしてほしいと思っています。お客様あっての仕事だし、仕事をしなければ家族は養えない。

寿司は生ものを扱うので、どうしても指輪を外せないのであれば、手袋や何らかの対応をするべきだと思います。よいお父さんは家で、寿司を握るときはプロとしてしっかりやって欲しい。

指輪をするのは「自分のため」。でも、それで被害を被る「お客様がいる」ことをしっかりふまえないと、「プロ」とはいえないと思います。

寿司にはパンチが必要？ それよりも魂込めて作ってくださいという願い

前にも書いたように、寿司職人として外国の人の多くはうまみがわからない。「うまみ」よりも「甘い」「辛い」といったはっきりした味を求めがちです。「魚には味がないじゃん！」なんて言い出して、こしょうをふったり、とうがらしを混ぜたり、マヨネーズをかけたりするのをよく見かけます。どうしてもソースに凝ったり、揚句のはてには、シャリにソースを混ぜたりしてパンチを求めてしまう。

食に対する考え方は国によって違えども、本当に大事なのは、お客様によろこんでいただくこと。包丁をしっかり研ぐとか、細菌が繁殖しないように衛生、安全に気をつけるとか、そういった基本をしっかり守れているかだと私は思っています。

海外の人々が来日するにあたって楽しみにしていることは、1位に挙げているのが「食文化」、2位がアニメなどの文化。日本に来て、本物の日本食を食べても、自分の国に帰ると本物を食べられる店がない。お客のレベルに、お店、職人の知識、技術がついてこれていないのが現状です。

２０２０年の東京オリンピックで日本は海外からの多くの方が来日されると言われていますが、日本食のブームはオリンピックが終わってからが忙しくなると思っています。日本にやって来た観光客が、母国に戻ってから日本の本物の寿司を求めていくのだから。

もちろん、その国の食文化も大事なのはわかっていますが、少しでもお客様のため、日本の寿司文化のために心を込めて寿司をつくっていただきたいと願っています。

5

寿司サムライが見る
海外寿司の市場の変化
～海外寿司の高級化志向～

海外で求められるレベルに技術が追いつかない日本の職人教育

アメリカでは、いままでは寿司というのはファストフード感覚で、そのうえ体によいというイメージでした。

それが最近、世界中で魚を使った寿司を食べたいという人が増えてきました。魚は世界共通で値段が高い。高価な魚を使うので、高級というイメージになってきました。

２０１１年にデヴィッド・ゲルブ監督の映画『二郎は鮨の夢を見る』（原題：Jiro Dreams of Sushi）が公開されて、寿司職人の仕事が高く評価されるようになりました。それを見て海外から日本に来て、本格寿司店に行って食べたあと、自分の国で寿司店に行ってみたら、日本の寿司と全然違った。……という状況が起きるようになりました。

海外では寿司に対するお客様の要望のレベルがどんどん高まっていき、それに対して寿司職人の技術が追いつかなくなってきています。

それまでは、寿司というと誰でも簡単に職人になれると思われていました。それがこの映画で、ただご飯の上に魚がのっているわけじゃない、寿司一個にかける思いがあるのだと知られるようになりました。

二郎さんが体調を管理し、その素材に力を入れて仕込む。その誠実な思いが海外の人たちの心に響きました。本格的な日本の寿司を食べたい、という海外の人たちが増えてきたのです。

大事なのは食べる側が興味を持ってくれないとダメだということ。いくら自分が一生懸命やったからといって、お客様が興味を示してくれないと、自己満足になり意味がない。この映画は大きな反響があって、私たち職人にとってもうれしいことでした。職人としての地位が海外で認められることになりました。それでもまだまだ技術は追いつかない。

また、職人側でも見方が変わっていきました。タイのバンコクは、世界で一番日本食レストランが多い国です。２０１４、5年までは、世界で一番多く日本食レストランがあるのはロサンゼルスでしたが、それをバンコクが抜きました。

タイは、なぜ近年日本食が発展してきたかというと、日本人が多く住み始めたというのが理由のひとつ。日本人の数もバンコクが世界一になりました。日本人が「移住したいNo.1」がバンコク。それだけ日本人が増えて、日本文化が広まっていきました。それとともに、２０１３年から3日に1店舗の割合で寿司店が増えています。

これまではタイで寿司屋をやると、とにかく儲かると言われてきました。まず、調理法がシンプルだから調理設備も簡単なので、設備投資にコストがかからない。そして単価が高く設定できます。

例えば、サーモンでも、高級店なら一個300円とれます。100gのサーモンがあるとして、焼くなどの調理をして盛りつければ10分以上はかかる。寿司のにぎりの場合は一個15gで作るとすると、100gから7、8個とれる。これを1個300円で売ると2400円になります。

すばやく握るため時間もかからず儲けが取りやすい。こんな理由もあり世界でどんどん寿司ビジネスが発展していきました。ところが今は3日に1店舗開店しているけど、2日に1店舗閉店している状況です。お客様の寿司に対する知識やレベルが上がってきているので、しっかりした店は大丈夫だけど、技術がいい加減だったり、知識がない店はどんどん閉まっているのです。

だからこそ、海外でもよい店を出そうとか、もっと技術を身につけようというお店が増えてきています。そうすると、どんどん高級志向になっていく。店側もある程度しっかりした日本伝統の寿司文化や知識、技術を身につけてきました。お店のレベルが上がらないと、お客様もついてこなくなります。

逆に、日本の寿司は値段の安さが主流になってきて、少しでも安くておいしいものを提供しようと努力しています。チェーン店が増え漁港や漁船と提携して、よいネタを安く仕入れるように頑張っていたりするから、一般の個人の寿司屋が厳しくなってきています。安くしないと売れない。そうなると海外の安いネタを仕入れないとやっていけなくなります。

海外は高級店を求めているから、日本から本場の魚を仕入れるようになってくる。日本は少しでも安く仕入れたいと思うと、海外から輸入するようになります。品質よりも値段優先になります。日本の魚を海外が買い、海外の魚を日本が買うという逆の現象が起きています。

日本が見習うべき状態が、海外で起きているといえます。日本でも自分の国ですばらしいものを提供していかないといけないでしょう。品質で勝負しないと、そのうち日本の寿司文化が危うくなっていきます。

日本は物に恵まれすぎているように思います。例えば、昔かんぴょうはかつて自分たちの手で作っていました。穴子も自分でさばいて煮つけていました。すべてを職人が自分でやっていました。

おからを使ってにぎりの練習をしたり、こんにゃくを使って魚を切る練習をしたり、職人は仕事時間外に自分の技術を向上させるために勉強をしていました。

現在ではいい意味でも悪い意味でも、会社は不景気で残業をさせない、人件費を削りたい。だからかんぴょうも穴子も人件費をかけないために、すでに煮てあるものを仕入れるようになりました。優秀な専門店や加工専門店から買うようになり、出来合いのものに頼るようになってしまいました。

職人なのに穴子も開けない人が増えてきています。一からすべてやらせようとすると、労働基準法に抵触します。いまの若い寿司職人は、規定の勤務時間で帰りたいから、勉強したい人は減ります。出来合いのものが多いため毎日同じ仕事で単調になり自分の技術向上に目が向かない。経営側も残業代を出さない、人件費削減のおかげで、勉強する人間が減ったのです。

最近ある寿司店で聞いた話で、見習いで入った子に訴えられたことがありました。上司は昔ながらの職人気質で、仕込みが既定の勤務時間内で終わらないのが当たり前という考えの人。包丁が全然切れなくて、「こんな包丁で切ってるんじゃねえ！一日3回砥げ！」と言う人。

でも包丁は砥ぐのが難しく、経験が浅い職人が砥ぐと時間がかかります。仕事が終わって包丁砥いで……、ってやらせていたら、訴えられてしまいました。包丁を砥ぐのも勤務時間内にしてくれって。寿司職人にとって包丁というのは本当に大事で、私たちは研ぐのは当たり前だと思っていました。でも今の若い子は「包丁を研ぐのは残業に入らないんですか⁉」となるのです。

着替えるのだってそうです。仕事をスタートする前に着替えるのは当然ですね。それなのに着替える時間が10分かかるとか、文句を言い出す始末。かつては仕事が万全にできる状態にしてからスタートが当たり前だったのに、そんな文句を言うなんて職人としてやる資格がない。

この間、かつて一緒にやっていた某有名ホテルの料理長も愚痴っていました。ホテルはきっちり労働時間が決まっているのだそうです。8時間ではどう考えても仕込みなんて終わらないのに、残業代は出せない。

どうするかというと、有志に声をかけて、勉強したい職人たちが残ってやるのだそうです。こちら側から残ってやれとは言えない。そうすると、技術向上のために勉強したい人は残るけど、割り切っている人は帰ってしまう。でも、ホテル側はそれでは評価ができない。やる気がある人にどんどんやらせたいけど、勤務時間で評価しなければならないから、困っている、と。ある意味いい部分ではあるかもしれないけど、環境が恵まれすぎていて職人が育たない。

そういう時代になっているので、日本では寿司職人としての夢がない。日本には春夏秋冬があり、海流の流れなどもあり同じ魚でも場所によって全く違う。魚は生き物。天候なども左右し毎日市場に並ぶ魚が替わります。それが楽しいのです。

今日は塩締めを○○分にしようか、お酢を○○分にしようか、と、毎日生き物と勝負しているところが職人としての腕の見せどころ、醍醐味だったのに、今は加工されたものや出来合いのものも多く、自分の腕が発揮できない時代になっています。つまらない。

若者たちがやりがいを見出せないというのはわからなくもないです。穴子はきれいに開けたらやっぱり気持ちいいし、お客様がおいしいとよろこんでくれたときは最高にうれしい。なのに毎回同じものが来ると、感動がない。そういうところは若い子はかわいそうだと思います。

逆に海外では、加工物や出来合いのものがなかなか手に入らない。例えば、桜でんぶは日本のどこにでも売っているけど、海外では自分で一から作らなければならない。いろいろな食材や調味料を試して日々勉強して、ないならないなりに研究して、がんばって作る。だから海外の人たちのほうが意外と知識もあり、できたりする。

日本人の若い職人は、かんぴょうを煮れない人も多くいますが、海外の職人はできます。

日本では、卵焼きは寿司店が焼かなくても、専門店で売っています。海外では、専門店なんてないから自分たちで作っています。これからは食材に恵まれず日々工夫している海外の寿司職人のほうが日本の職人より仕事ができるようになるのではないかなと思います。

日本は恵まれすぎています。そして不景気とともに人件費問題があります。海外は興味をもって、研究して、勉強する時間を惜しまないけど、日本では自分で仕込みをしなくてもよいから、研究心、向上心がなくなります。さびしいことです。

向き不向きはもちろんあるけれど、職人は技術を身につけるために勉強して、その技術が十分発揮できるのがよろこびでしょう。それが得られないのはさびしいところではあります。

ロール寿司からにぎり寿司へ　海外寿司観の大転換

今までの海外の寿司といえばロール寿司が主流で、ネタも別に魚でなくてもよかったくらいでした。それが、すきやばし次郎さんの映画の影響で、にぎりファンが増えてきました。また若い層では生魚の寿司を食べたがる人が増えてきました。若者は興味本位でどんどん新しいものを食べます。流行に敏感だし柔軟性があります。そんなふうに、これからどんどん生魚を食べる若い年代が増えていくでしょう。

逆に、どの国でも、年配の人たちは生魚を食べようとする人は少ないです。いくら生魚を勧めてもダメ。それまでの各国々の食文化、習慣があるから、頭の中で拒否してしまいます。
生魚に対する興味を持ってくれる層が今後増えてくれる。そうして、各国現地で魚介類の消費が増えていくと、日本に入ってくる魚が少なくなり仕入れが困難になります。

1980年代は世界の魚介類の70%を日本人が食べていたと聞いたことがありますが、今は外国の消費が増えています。そうなるとどんどん魚の値段が上がって、日本人が魚を手軽に食べられなくなる日が来るでしょう。日本の若い子たちに、もっともっと自分の国の魚をしっかりと食べさせてあげないといけません。海外の寿司ネタを食べているのは問題ですよね。

明石では、地元でとれる高級なタイなどを給食で出すらしいです。自分の地元でとれたすばらしい魚を、少しでも子どもたちに食べさせようと試みています。
食料自給率は下がる一方で、自分の国でとれたものすら食べなくなるのは悲しいことです。自国の食文化を海外の輸入に頼るのは非常に矛盾を感じます。

学ぶことに貪欲な職人見習いたち

海外では、シェフが自分で店を出すことがありません。自分が有名な職人になることによって、オーナーが給料を上げていきます。プロ野球と一緒で実力主義。よいシェフはヘッドハンティングされる、下剋上の世界。だからとくに仕事に関してはすごく熱心です。

自分の技術、知名度で給料が変わってくるんだから、教えるととても熱心に学ぼうとします。日本が発行する寿司職人の認定証を取ると給料が3倍に上がったという国もあります。寿司職人の認定証はミシュランの星のようにレストランにではなく、個人に渡すものなので、個々みんな熱心に頑張って習得しようとします。

このままいくと、日本の職人はどうなるのかなと思います。海外の人たちのほうが追いついて上がっていくと思います。海外の一流の寿司職人は本当にオタク!日本のことが大好き!だから本当に日本のことをよく勉強します。私たち日本人よりも本当によく日本の文化や物を知っています。

なかには日本に来るのが大変な国もあります。月給が平均5万円くらいの国は、日本に簡単には来られません。来たくて来たくてしょうがなくて、お金をためて、やっと日本に勉強しに来るんです。

日本では数十万で海外旅行ができるけど、国によっては日本で百万円くらいを貯める感覚で来日します。だから、とても貪欲で、情熱を感じます。

日本では外国で勉強したいと思ったら、行けない国はほとんどない。そういうぬるま湯に浸かっているような状態の若い子たちは、見たり聞いたりはするけど、もう一歩先の「試す」「行動に移す」ってことをしない。裕福だからできないのもあるのでしょう。別にそこまでしてがんばらなくても……となるのです。

そこまで裕福じゃなければ、甘ったれでなければ、「勉強しなければどうにもならない！」という状態になればやるだろうに、なんでもやろうと思えば簡単にできちゃうから逆に挑戦しない。もしかしたら、貧しいほどがんばれるのかもしれないですね。甘えてしまったら、行動に移しづらいですね。環境がよすぎるから。

若い子たちもチャンスがあればどんどん挑戦してもらいたい。40、50才になっても脱サラしても挑戦する人はいるので、見るだけ聞くだけじゃなくて、「行動に移す」ことをやってもらいたいなと思います。

6

寿司サムライは
なぜ海を渡ったのか

剣道に生きた少年時代

いたずら好きの少年時代

私は、公務員の両親のもと3兄弟の末っ子として、千葉県に生まれました。

厳格な家庭に育ち、姉も兄も真面目で勉強もよくできた。それに引きかえ、幼いころの私は、いたずら好きで両親に始終怒られていました。

自宅周辺のピーナッツ畑に入り込んで走り回り、畑を荒らして父親に朝まで叱られたこともありました。

その類のエピソードは尽きない。悪いことをする度にこっぴどく厳しく叱られるも、私のやんちゃはおさまりませんでした。

とくに取り柄もなく、自信を持てるものがなかったんだと思います。

そんな私にも、夢中になれるものができました。それは剣道。先に剣道を習っていた3つ上の兄が、防具を新調することになり、兄のお古が使えるということで、母親にこう言われたのがきっかけでした。

「落ち着きがないからあんたも剣道やりなさい。」

兄のように、やりたくて始めたわけではありませんでした。初めのうちは、母親に言われるがまま道場に行き、遊び半分で剣道をやっていました。どちらかというと、稽古のあとに友達と遊ぶことが楽しみで、通っていたようなものでした。

そんな私でしたが、気がつくと剣道を一回も休むことなく通い続け、皆勤賞をもらうまでになっていました。このとき生まれて初めて賞状をもらいました。

そして中学に入学し、剣道部に入部しました。そのときはまだ剣道に目覚める前で、とくに続けたかったわけでもなく、ただ自分から剣道を取ったら、それこそ「取り柄がなくなってしまう。」そう感じたからです。

中学生ともなると、やんちゃぶりもだいぶ落ちついてはいましたが、勉強のほうはてんでダメでした。

剣道部の顧問の先生は、厳しいことで有名で、剣道に対する情熱もひとしおでした。小学校のときとは180度異なる厳しい環境に身を置くことになり、朝練から放課後の練習と、毎日剣道漬けの生活が始まりました。何度も逃げ出しては顧問の先生に連れ戻され、いやいや稽古をしたのを覚えています。

しかし、1年生の夏には、初めての剣道の試合の中でいきなり結果を出し、続けざまに3勝しました。

ちなみに、小学校のときはほとんど勝ったことはありませんでした。本当にうれしかったのを覚えています。勝つよろこびを知った私は、そこから剣道に夢中になりました。

朝5時に起きて警察の機動隊で稽古し、学校の部活で稽古し、夜は道場に行って稽古する。そんな毎日を過ごすようになりました。

どっぷり剣道の生活に浸かり、結果はさらについてくるようになりました。出場する大会ほとんどが優勝でした。学校の集会の表彰式では一度にメダルを4つぶら下げたこともありました。

今の時代で言いかえるなら『剣道オタク』であり、『勉強できない君』ですね。ちなみにお調子者で、成績はクラスで下から5番以内を常にキープしていました。

そんな私は、剣道の推薦で県内の高校に進学することになりました。

高校時代の挫折……そしてシドニーへ

高校に入学しても私の剣道に対する勢いは止まらず、1年生からすぐにレギュラーに選ばれ、稽古にはげむ毎日を過ごしていました。

しかし、そんなとき、事故が起きました……。

高校2年生の夏です。稽古中に前に踏み込んだ瞬間、腰に激痛が走りました。病院に通いリハビリをする日々。しかし、腰痛は一向によくならず、思うように動けなくなると、レギュラーから外され、そのうち勝つよろこびも、剣道への情熱も失うようになっていました。

心に穴が空いてしまうというのは、こういうことを言うのだと思いました。高校3年生のときには荒れた生活に陥っていました。

勝つことこそが楽しみだった自分を失い、初めての挫折を経験しました。剣道から自然に遠のき、学校が終わってからはバイトに行く日々に。

進路も決まらず焦りもありました。そんなある日、バイト先の先輩から、ワーキングホリデービザの話を聞きました。

とくにやりたいこともなく、また今の環境から逃げ出したい気持ちもありました。親に相談したところ、「外の世界を見るのも勉強だ。」と言ってもらえ、海外に行くことを決めました。

早速ワーキングホリデーのパンフレットを手にし、パッと開いたページの写真がちょうどオーストラリアのシドニーで、それがとても綺麗に思え、とくに深く考えたり調べたりするわけでもなく、卒業と同時にシドニーへ渡りました。

料理人への道

シドニーに着いてからは何もかもが新鮮に見えました。綺麗なビーチ、クラブ、日本人ではない人々。オーストラリアはお酒が18歳から飲めるし毎日がパラダイス!!……残念ながら、そんな海外生活の楽しさは、はじめのほんのひとときで、長くは続きませんでした。3か月もしないうちに、お金が底を尽き、仕事をしなくてはならなくなったのです。

当時18歳の私は、英語が全く話せず、面接に行っては落とされる、という繰り返しでした。

とうとう帰りの飛行機代まで使ってしまい、公園で野宿したりもしました。途方に暮れ絶望の中で、奇跡的に1軒の日本食店（そば屋）の調理補助の仕事が決まりました。

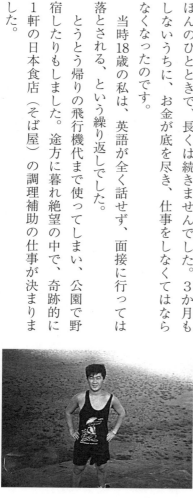

オーナーはカールさんというドイツ人の職人で、日本人の奥さんと一緒に、定年退職してからお店を立ち上げたということでした。

ドイツ人から日本食を教わるというのは、正直複雑な気持ちでしたが、時給は安くとも賄いは食べられる……。とりあえず命は繋がり一安心でした。

朝9時30分から夜10時30分過ぎまで働き、休みは週1回。仕事の毎日で、気がついたら遊びもしなくなっていました。

勤務時間も長く仕事も厳しかったので、辞めていく人が多かった店でしたが、むしろ私には厳しいというより、楽しいという気持ちの方が勝っていました。

カールさんは、体中粉だらけになりながら、蕎麦を打っていました。蕎麦の仕上がりが気に入らないとゴミ箱に投げつけていたのをよく覚えています。今思えばとてもこだわっていたんだなと。そして、お客様から帰り際に「おいしかったよ」と言われると、満面の笑みで照れながらうれしそうにしていた姿を。

私自身もがんばり、天ぷらを揚げられるほどになりました。

シドニーに来て夢が見つかりました。『調理師』になるという夢です。

日本に帰国し、すぐに大阪にある、辻調理師専門学校に入学しました。家賃1万5000円の風呂なしトイレ共同のアパートを借りました。

学校が終わってから料理屋へ、休日・祭日は酒屋の配達。そしてビル掃除。ときにはテキ屋のバイトをしながら調理師学校に通い、卒業とともに東京の大手の寿司屋へ住み込みで入りました。

なぜ寿司屋を選んだか……。それは『将太の寿司』というマンガの影響を受けたからです。このマンガの主人公、将太と自分を重ねて、夢と希望を持って、寿司の世界に入りました。

しかし、現実はそんなに甘いものではありませんでした。朝早くから夜中まで働きました。過酷でした。掃除、皿洗い、ホール、そして夜のお付き合い。

業界でいうところの、「追い回し」です。

早く仕事を覚えたい一心でひたすらがんばりましたが、この店での体験は本当にひどいものがありました。

暴力は当たり前で、今の時代だったら大問題になるような、人に言えないほどのイジメを受けました。それでも仕事を覚えたい一心で我慢し、1年が過ぎました。

イジメで不安とストレスの毎日……。何度も辞めようと思いました。マンガとは違う。現実はひど過ぎる……と。

自分には無理だと思うほどにボロボロになり、限界を感じたとき、先輩から違う寿司屋の親方を紹介されました。

結局は、その親方に誘っていただき、もう一度がんばってみようと決意し、店を移りました。

修業時代

ここでの仕事も、掃除、皿洗い、出前、桶回収と追い回しと、やることは一緒の日々でした。ですが、前の店とは全く違う厳しさでがんばれました。何というのか、愛情を感じるというか……。

その後、数々の寿司店で修行し、8年目には私を調理の世界へ導いてくれたゆかりの地、オーストラリアのシドニーへ再び戻ることになりました。

帰国後、東京に「小川寿司」を開店

再びシドニーへ。5つ星ホテルで寿司を握る。

シドニーでベストジャパニーズをたびたび受賞する五つ星ホテルに入社し、高級日本食店で寿司を握りました。そこで5年あまり働いたのち、会社を退職し日本に帰国しました。

日本に戻ってもう一度自分を見つめなおし自分でお店をやろうと決めました。

老若男女問わずたくさんの方に私の寿司を食べてよろこんでもらいたいと考えた結果、小さいお子様やご年配の方、お店に足を運ぶのが困難な方にも自宅で安く本格的なおいしい寿司を食べていただけるよう、出前、お持ち帰り専門店を出すことに決めました。

退職金を頭金にして、1000万円以上の借金を抱えながら、お客様によろこんでもらいたい一心でがんばりました。お陰様で借金は3年で返済。4年目に会社設立。

6年後にはカウンター、座敷席のお店へ移転し、直接お客様の声を聞きながらお客様によろこんでもらいたい、寿司のすばらしさを知っていただきたいという想いで励みました。

お店は大繁盛でしたが、もっと多くの人に寿司を通じてよろこんでもらいたいとずっと思っていました。

世界中に寿司のすばらしさを広げたい。そして平成24年4月にお店を売ることを決断し、新たな道を歩みはじめました。

自分で寿司の講習会を開催したり、寿司のDVDを作成し販売をするなかで、以前武者修行をしていたときのお店、千葉の「さかえ寿司」の親方から、海外で教えてみないかと連絡をいただき、海外活動をきっかけに、国内外の寿司職人の育成の仕事を始めることになりました。

海外の日本料理店と日本で寿司職人として働いて感じたこと

以前、オーストラリアで働いていたとき、こんなことを聞かれました。

「日本では一人前の寿司職人になるにはどのくらいかかるの」と。「個人差はあるけど10年くらいかな……私もまだまだ勉強中」と答えました。

彼は驚き、「なんで寿司を作るのにそんなにかかるの……」と……。私は寿司職人として悲しい思いになりました。

理由としては、国によっては寿司といっても生魚を使わず、野菜、果物、カニカマなどを巻いたロール寿司が主流だということ。中身は違っても巻き方さえ覚えれば誰でもできると思っている。サンドイッチみたいな感覚です。

また、にぎりに関しては、ご飯の上にネタをのせるだけと、シンプルなだけに誰でもできると思っている。

修業時代は掃除、皿洗い、出前と下場の仕事ばかりでほとんど包丁に触らせてもらえませんでした。冬空の下でタコや穴子のヌメリをとっていたときなど、粗塩がアカギレにしみ、寒さで手が動かないときはまな板に平手を2、3べん叩きつけ、無理やり動かしながら二の腕まで真っ赤に腫らして働きました。こんな辛いことがあるのかと思いました。

イカやエビの皮むきにはじまり、魚の頭を落とし「こけを引く」。そのあたりまできて、ようやく寿司職人としての世界が近づいたと、涙が出るほどうれしかったことを思い出します。

親方によく言われた言葉が「料理は勘のものだという言い方もあるが、下積みの努力があってはじめてうまいものができる。とにかく今は、もがいて悩み、苦しめ。そしてお前が板前になったとき、どん底を味わった幅だけ、寿司職人として、人間としての器が大きくなっていくから」と。

指導者という道を選びましたが、その言葉を信じ日々がんばっています。

寿司職人として、私には私なりの役割がある、そう信じて進んでいます。一度決めたら立ち止まらない。諦めず、辞めず、ただ愚直に進むだけです。

今、世の中には銃や爆弾、薬物を持ち込む人がいますが、私は世界中に寿司を持ち込み、今を生きる世界中の人々が寿司を通じて、笑顔で元気になるような世の中にしたいと考えています。

私が指導員として生きていこうと決めた理由

海外で調理指導の依頼で調理場に入ると、その国の料理人は少なく、他国からの出稼ぎの人を多く見かけます。また接客担当との間に差別を感じることもありました。

私も15年前に海外で5年ほど働きましたが、自分自身も寿司職人として差別を感じたこともありました。

食文化のない国では、調理の職はあまり認知されておらず、給料を聞いてみると驚くほど安く、よい職業とはいえないというのが現状です。私もそれは感じており、以前とある国の調理場でお客様の余った料理を包んでいた料理人がいて、聞いてみると食費を浮かせたいから家族に持って帰ると言っていました。

また、家に招待されたことがあり、驚くほど貧しい生活をしている人もいました。最近は寿司職人の知名度も上がりよくなってきていますが、国によっては他の料理と違って、まだまだ格下に思われているようです。

海外では、日本のようにオーナーシェフ（料理人が自らお店を立ち上げる）のお店が少なく、料理人の給料が安いため、お金を持ったオーナーが店を立ち上げ、寿司職人を雇うという感じで、腕のある職人はいろいろなお店のオーナーから声をかけられ給料のよいお店へと移ります。寿司職人としての腕が上がれば、一番下のキッチンハンドから、料理長クラスへと上がっていくことができ、給料も上がっていきます。貧しい生活をしていた彼らの暮らしもよくなるのです。

この仕事を通じ40か国以上いろいろな国の地を踏み、現状を目の当たりにして、強い思いが私の心に芽生えました。

世界中の寿司職人を幸せにしたい。

ふつう、寿司職人はお客様によろこんでもらうものですが、私は寿司職人によろこんでもらい幸せになってもらう指導者になろう。そして、すばらしい寿司職人が誕生し、たくさんのお客様に寿司を食べてもらうことができると……。

「お客様を幸せにする寿司職人はいるから、私は寿司職人を幸せにできる寿司職人（指導員）になろう」と心に決めました。

寿司を広めることで世界を変える！

私は、幸運にも恵まれ、もちろんいろいろな紆余曲折を経て、努力も実り（？）、30歳という若さでお店を立ち上げることができました。

お客様によろこんでいただけるよう、お客様の笑顔が見られるようにと、がんばってきました。おかげさまで、お店も日々忙しく、たくさんのお客様にお越しいただき、好評をいただいていました。

その一方で、もっともっと多くの人に寿司を知ってもらいたい、よろこんでもらいたい、そんな気持ちもありました。一つのお店だけではできない、何かはないだろうか……。

そんな折、２０１１年に東日本大震災が起こります。大きな津波や原発の事故、すさまじい映像を目のあたりにして、自分は何ができるのだろう。もっと多くの方のために何かがしたいとしだいに強く思うようになりました。そして、２０１２年に、お店を売却し第２の人生を歩む覚悟を決めました。

まずは、寿司を広め社会貢献をするために、パソコンやインターネットができないといけない……。いままでは、寿司を握り、包丁ばかり持っていた自分は、パソコンもロクに使えないのです。

そこで、パソコン教室に通い始めました。同時にＳＮＳやパソコンを使ったビジネス学校にも通い始めました。

40歳近くになって学生に戻り、何もかも新鮮でした。ただ、年齢もあって飲み込みも悪く、「聞くは一時の恥、聞かずは一生の恥」の精神で先生にも質問責めでぶつかっていきました。あまりに聞きすぎて先生にあきれられることもよくありましたが、修行時代のきびしさを思い浮かべればがんばれました。

その後は、自分で寿司の作り方などをＤＶＤに録画して販売したり、ＳＮＳで募集をして寿司教室を開催したりと、わが国の寿司について、啓蒙と普及の活動を行ってきました。

そんな折、私が若いころに修行をしていた千葉の「さかえ寿司」の親方、風戸正義氏からお声がけをいただいたのです。「一緒に寿司を世界に広めないか」と。

風戸氏は１９９７年より、全国すし商生活衛生同業組合連合会の海外事業を行っています。海外活動を始めた第一人者、寿司の伝道師です。現地の日本食レストランには、日本食の調達知識や技術の不足している店が多くありました。そこで、寿司の基本である生食の調理衛生に重点を置いて、日本の食文化を伝えるセミナーを開催し、普及啓もう活動を始めました。

日本の職人仕事は「目で見て学べ」「仕事は盗んで覚えろ」という昔からの慣習があります。これは、日本人の美徳として伝統的に引き継がれてきたものですが、諸外国では文化や風習が異なり、外国の方々が日本食の知識や技術を身につけることはたやすいことではありません。そこで、全国すし商生活衛生同業組合連合会では、寿司の基本である衛生調理を世界に伝えるため、2010年に「すし知識海外認証制度」を設けました。

この活動は、2011年1月から、シンガポールを皮切りに講習会・試験を行ってきました。ところが、全国すし商生活衛生同業組合は、もともと国内で寿司を商う方々の同業組合です。資金の使い道、人員、理事会での説明や議決が必要となるなど、制約もあります。組合員は国内で寿司店を経営している方々ですから、世界に寿司を広めるという視点は無条件で賛同を得るというのはなかなかむずかしいかもしれません。

そこで、さらなる活動を推進するため、本同業組合の「すし知識海外認証制度委員長」である風戸氏と私が一緒に２０１３年10月、一般社団法人国際すし知識認証協会を設立することになったのです。

一般社団法人国際すし知識認証協会は、全国すし商生活衛生同業組合連合会「すし知識海外認証制度」の活動を行う協会です。このほか、組合の枠にとらわれずに、日本食関連業の販売促進にもお役に立てるように活動しています。

海外の料理界では、寿司の歴史も浅く、ほかの料理からスシシェフになった方も多いため、寿司と職人の地位も確立されていません。

とくに、途上国のスシシェフは、生活も苦しい。彼らの技術を向上させ、スシシェフとしての地位を向上させていけば、生活水準も向上し、豊かな暮らしができるようになる。日々、向き合うお客様を満足させることで、お客様の笑顔から心豊かな職人生活を送ることができるようになる。このように思ったのです。

そこで彼らに、日本の食文化である寿司の調理技術を正しく伝え、各地での調理師としての地位向上となるように働きかけをしています。

協会の立ち上げ当初は、資金もありませんでした。国や自治体、企業に足を運び、お声かけして回りましたが、なかなかご理解いただけず、門前払いとなってしまうこともしばしば……。

片端から寿司に関連する企業を調べて、メールや電話、ときには飛び込みで営業をしましたが全く相手にされず、それでもめげずに回り続けました。知り合いに頼み面談までたどり着いても、冷たい対応をされ事業に繋げることがなかなかできませんでした。

営業でまわる交通費も自費で「チリも積もれば山となり」で、それに加わり海外での啓もう活動も飛行機代、宿泊費、食費などが大変な金額になりました。それでも世界中に出向き日本食の普及に取り組んできました。営業にも取り組んでいましたが周囲の反応は厳しく冷たく、それでも諦めずにボランティア活動は続きました。

2年間で貯金を切り崩しながらの生活と活動で、気づけばは8百万円近くを費やしてしまいました。10年近くお店を経営し日々寿司を握り奮闘してためた貯金もあっという間に底をつき、3人の子供の教育費や生活費など、支出ばかりの生活です。収入のない焦り……。

このころは結果もなかなか現れず、心身ともども疲れていました。

あまりのストレスで、逃避してしまう日々が増えてきました。自分ひとりでは何もできないと寿司職人になって初めて、この上ない悲しさに包まれました。

「もうそろそろ限界だ！」という3年目にさしかかるところで、ようやく私たちの活動を評価してくださる方々に出会うことができました。

そのなかでも、ヤマサ醤油様、ノルウェー水産物審議会様が関心を示してくださいました。ヤマサ醤油様はちょうどそのころ輸出促進、海外展開を強化しており、商品だけを持って海外に営業に回るよりも、日本食や寿司を通じて調理師のみなさんに商品のよさを知ってもらうほうがよいと考えていました。各レストランを回るときに、商品だけでなく日本食のよさを伝えることにより業績を伸ばそうとしていたそうです。

また、ノルウェー水産物審議会様は、国の事業としてサーモンの輸出に力を入れていました。寿司ネタとしてサーモンが世界中に人気が出たと同時に、安全においしくお客様に提供できるよう、海外の寿司調理師の育成に力を入れ始めていた時期でもあったのです。

潮目が変わったのはここからです。今まで海外では生魚をあまり使わない巻物の寿司が主流でしたが、日本本来の伝統的な生魚を使った寿司ブームが起こりました。同時に生魚を扱ったことがない調理師が寿司を調理をすることにより、食中毒が世界中で多発してきた時期でした。

輸出促進に力を入れている農林水産省、ＪＥＴＲＯをはじめ数多くの企業様、各種団体様が賛助会員となってくださり、技術講習会だけではなく、生魚の扱い方をメインにした衛生講習会の依頼、日本の伝統的な寿司の講習会、現地レストランからのイベント事業や現地指導の依頼、にぎりを中心とした江戸前寿司店立ち上げ事業など、たくさんのお仕事のご依頼をいただけるようになりました。

２０１３年からは、世界の寿司職人の地位向上や衛生知識、技術向上を図り、当協会の講習を受けた者が参加できるワールド・スシ・カップを開催しています。彼らが講習を受けたのち、寿司職人として活躍できる場所を用意してあげたいと考えています。

初回はＪＥＴＲＯや自治体などからご支援をいただきボランティアとして開催しました。２０１４年からはシーフードショーを運営しているエグジビションテクノロジーズ様のご協力のもと、各企業様からの協賛により東京ビッグサイトで開催しています。

少しずつ各メディアに取り上げていただき、２０１６年からは農林水産省が主催となり、大きな大会へとなりつつあります。

日本だけではなく、海外でもCNNをはじめ、世界中で大きく取り上げていただけるようになり、今では世界の寿司職人の登竜門となりました。

このワールド・スシ・カップで優勝した選手は母国に帰ると大々的にメディアに取り上げられ、その後も人気寿司職人として活躍しています。

優勝した選手では、世界中に100軒以上店舗を構える大手企業の料理長になった方や、店を5店舗持った方、母国で江戸前寿司店を開店し外国人寿司職人ながらミシュランを獲得した方もいます。年々参加者も増加しており、世界中の寿司職人が優勝を狙いに来ています。

ここ数年では海外の企業スポンサーも集まり、南米、アジア、ヨーロッパなど各国で予選会を開催するまでになりました。

回を重ねるごとに世界中の数多くの職人が集まるのを見て、立ち上げ当初の辛い思いがよみがえると同時に、積み重ねてきたものが結果として現れてきたことに、大きなよろこびに包まれ自然に涙があふれてきます。もう涙が止まらないひとときです。

また、世界中のたくさんの方々とのネットワークも繋がり、あらためて「寿司に国境はない」と思うのです。

まさにこれは、私が思い描いていた「世界中に寿司を広めたい」という思いの「核心」であり、それを「確信」した瞬間でもありました。

ここまで華やかにできるようになるまでは、いろいろな辛いこともありました。いままであきらめず、コツコツやってきたことが、ようやく花を咲かせることができました。世界中に寿司を広めていくという夢と目標ができたのです。

もちろん、これはまだ通過点にすぎません。今後も、初心を忘れることなく、「寿司を通じて世界中を幸せにしたい」という思いで、人生に活動に取り組んでいきたいと考えています。

7

日本の寿司!?
~歴史と豆知識と寿司事情~

その1 進化をとげた寿司

寿司の語源・由来 「寿司」「鮨」「鮓」の違いって??

「寿司」という言葉自体は、酸っぱいものとしての意味で「酢し」とよばれたのが語源です。

「寿司」にも「寿司」「鮨」「鮓」などの表記がありますが、違いをご存知でしょうか。「寿司」は江戸時代中期から使われた当て字だそうです。「寿《ことぶき》」を「司《つかさ》」どるという縁起をかついだ当て字で、全てのスシの総称です。酢と調味料とを適当にまぜ合わせた飯に、魚介類などをとりあわせたもので、おしずし、はこずし、にぎりずし、まきずし、ちらしずしなどさまざまなものがあります。握ったり、型に入れたりして作るものだそうです。

「鮨」は魚醬《ぎょしょう》、つまり調味料の一種を表す言葉でした。中国では魚の塩辛を意味する文字ですが、「鮓」と混同されて使われるようになった漢字だそうで、にぎり鮨、押し鮨、ちらし鮨、箱鮨、棒鮨などという使い方をします。

「鮓」は、魚を発酵させて作るものです。古くから行われてきた手法で、塩や糠に漬けた魚や発酵させた飯に魚を漬け込んだ保存食を意味します。実はこの言葉が「すし」を表す漢字として最も適切と言われています。鮒鮓、鮎鮓、鯖鮓など……。「馴《な》れずし」がこれに当てはまります。琵琶湖地方の名産の「鮒鮓《ふなずし》」はこの代表格です。

関東は鮨を、関西では鮓を使うところが多いようです。鮨と鮓の文字の使い分けには、明確な区別がないのが現状のようです。日本では昔（奈良時代）、鮨・鮓は魚介の漬物のことを言いました。めでたいときは「寿司」を使うのがよいですね。

そして今では世界共通語の「ＳＵＳＨＩ」へと広がってきました。

寿司の発祥は東南アジアだった！

寿司の起源は、紀元前3世紀ごろに東南アジアの山岳民族が、淡水魚を材料に米で発酵させて漬けたものだとされています。

それから中国を渡り、紀元７００年代に日本に伝わりました。日本で今もなお現存する「鮒鮓」が最も古い寿司とされています。

奈良時代に、近江（現在の滋賀県）の琵琶湖でとれた鮒を塩漬けにして、飯を重ね漬けにし自然発酵させたもので、乳酸菌の働きで魚を保存し、食べやすくした食品です。

また、鮒鮓は朝廷に特産物として近江から献上されたとも言われています。

米、稲作の伝来とともに発酵食品がアジアから伝えられ、日本で鮒鮓から進化し、文化とともに適度な発酵食品が生まれ、飯とともに食べる「熟《な》れずし」や釣瓶桶に漬ける鮎の「釣瓶寿司」などが生まれ、各地に広がりました。

鮒鮓

室町時代に生まれた熟れ寿司

室町時代になると、お寿司の革命といってもよいほどの急激な変化がありました。炊飯方法が「蒸す」から、「炊く」に変わり、一日二度だった食事回数も三度に変わりました。それが当時の先端的な食文化でした。

この頃に「生熟《な》れ寿司」または「半熟れ」ともよばれる寿司が生まれます。

この寿司はいわゆる「熟れ寿司」のように長期間漬け込むのではなく、比較的短い期間で漬けあげ、飯に酸味が出るか出ないかのうちに食べるものです。

これだと魚はまだ生々しいのですが、飯も食べられます。したがって、塩味と酸味のついた飯そのものもたのしまれるようになり、漬け込む材料も魚貝類以外に野菜や山菜など、いろいろな種類に広がってきました。

一週間で食べられるようになった飯ずし

日本の寒冷地、東北・北海道地方で厳冬期に作られる「飯ずし」は日本を代表する郷土料理として親しまれています。「飯ずし」は鮭、ニシン、ハタハタなどの魚を飯や野菜とともに漬ける早熟れ寿司です。

その後、時代とともに醸造技術も発展し、発酵を早めるために酒や酒粕、糀《こうじ》などを使った寿司が誕生しました。

塩と酢を合わせ、魚の切り身などを箱に入れ押した寿司なども出回るようになり、代表的なものでは関西の箱ずし、上方鮓《かみがたずし》などがあります。

江戸時代後期には酢が一般庶民にも普及し、魚と飯と酢を使いすぐに食べられる「早ずし」が誕生し、さらに手で握り圧力を加えた「にぎり寿司」が誕生しました。

もともと発酵食品であった寿司は、酢の普及により、現代の進化した寿司に生まれ変わりました。

関西寿司のシャリが甘い理由

江戸前寿司というのは、鮮度が大事なので、握ったらすぐに食べます。そして砂糖を入れない。昔の江戸前寿司は塩と酢だけで作られていたからです。逆に関西の方のシャリは、ちょっと甘いのです。なんでそうなるかというと、砂糖を入れるとシャリは保存がきくから。

例えば食パンは、砂糖が入ってないとパサパサになります。ご飯に砂糖を入れると、カステラのようにずっとふんわりします。そういうところから、関西の方では非常にシャリが甘く、時間がたってもご飯がパサパサにならないのです。

江戸前寿司はすぐ食べるものなので、あまり砂糖を入れてしまうと、米、魚のうみを殺してしまう。だからなるべく、砂糖を入れない。

昔は江戸前のお寿司は酸っぱかったようです。昔は米酢は高価なものでした。もともと寿司はファーストフードで庶民のものだったので、昔の寿司は、酒粕で作った酢を使っていました。今で言う「赤酢」です。昔の伝統を守っている寿司店で、赤酢を使っているお店が今でも多くあります。

ちょっとクセのある酢ですが、最近では高級志向になり、昔ながらの伝統的な寿司を作るお店が海外でも増えてきて、赤酢を使うお店も増えてきました。

うなぎやアナゴをお腹から開く関西、背中から開く関東

関東と関西では、寿司について異なることがいろいろあります。例えば、うなぎやアナゴ。江戸前の代名詞のうなぎやアナゴは、関東では背から開きます。でも、関西ではお腹から開くのです。ほんとうに面白いことに、関西の方に行くと、みなさんお腹から開いていくのです。

なぜ違うのかというと、昔、江戸の方は武士が多くて、切腹を嫌ったといわれています。お腹から割くのは、縁起が悪いと。

では、関西ではなぜ背中ではなくお腹から切るかというと、「腹を割って話し合おう」ということわざがあり、そこからお腹から開くらしいのです。

このような感じで、関東と関西では仕事の仕方が違う部分も多々みられます。

両国から生まれた江戸前寿司　鎖国が関係していた

東京発祥の江戸前寿司は、今からだいたい300年近く前、江戸時代のにぎり寿司が始まりだといわれています。

これには、鎖国が影響していました。このときから生魚を食べるようになったと言われています。この鎖国時代に、海外からのものを一時シャットアウトしていました。キリスト教などの宗教が入ってきたなかで、日本の仏教では、4本足の動物を食べることができませんでした。

そのときに、海のものを食べる、魚介類を食べるようになってきました。そして、麹を使った醤油、酢、酒、みりん、味噌、これらのものを使い生魚を漬けることによって、バクテリアなどによる腐敗を防いで食べていました。当時、冷蔵庫がなかった時代ですから、そのような工夫をしてだんだん生魚を食べる習慣が増えてきたといわれています。

華屋与兵衛と江戸前寿司

江戸前寿司は、にぎり寿司を中心とした江戸の郷土料理で、東京湾でとれた魚介類を使って、寿司にしたものを言います。

にぎり寿司を初めて作った職人は福井県出身の「華屋与兵衛《はなやよへい》」という寿司職人で、両国の橋の袂の屋台で売っていたのが発祥だとされています。

それまでのお寿司はケラ玉寿司といって、箱に寿司を詰めて酢で締めた箱寿司や、火の通したものを形にはめて作っていました。これが俗にいうバッテラ寿司や、関西寿司や大阪寿司とよばれるものです。

箱寿司

江戸に住んでる人たちはみんな気が短くて、すぐに食べたがるので、華屋与兵衛さんが、火を通したり酢で締めたりせず、鮮度のよいままご飯にのせる「にぎり」を考案しました。

今から200～300年前の江戸時代の話です。当時、与兵衛のことを弥助と呼んでいました。寿司職人のことを「弥助」とよぶことがあるのはこのことからです。

本来の江戸前寿司はマクドナルド

昔はお酒を飲むのは蕎麦屋でした。蕎麦屋でお酒を飲んで、帰りの小腹が減ったときに、屋台で寿司を1個2個食べて家に帰っていたそうです。当時は、寿司はファストフード感覚、マクドナルド感覚で売られていました。

最近の寿司屋は居酒屋みたいなお店が増えてきてますね。本来の寿司屋は酒を飲むところではなかったのです。

昔の江戸前寿司は、蕎麦屋で飲んだあとに、小腹が空いたら寿司屋に寄って、2、3個パパッと食べて帰るのが粋な客だったそうです。

蕎麦屋には椅子があるのでのんびり酒を飲む人もいましたが、寿司屋は椅子がなく「酒をくれ」と言うと「蕎麦屋に行ってくれ!!」と言い返されるほどだったそうです。

江戸時代の両国

お酒を飲めるようになったのは、戦後のごく最近のことで、屋台から椅子がついた店舗に変わってからなのです。

昔の江戸前寿司は、おにぎりぐらいの大きさで、にぎりしか置いていなかったそうですが、今では、刺身や焼き物、色々なつまみがでてきますよね。

つまみだけ頼んで、酒を飲んで帰っていくお客様もいます。ですから、そういうお客様にも、たまにはお茶でにぎり寿司を味わっていただけたらと思っています。

江戸前寿司が全国に広まった理由

前に述べたとおり、江戸前のにぎりは、一個がおにぎりのように大きかったから、それを2個ぐらい食べるとお腹いっぱいになりました。そういうところから進化していって、大正時代あたりからお店で食べる寿司店が誕生しました。

東京で生まれた江戸前寿司が全国に広まったのは、関東大震災によるものといわれています。このとき、寿司店の多くが店をたたみました。東京の復興が難しく、地方から東京に来ていた職人や板前が、自分の故郷に戻って開業し、その地方でお店が広まったといわれています。

その2　寿司を100倍楽しもう　豆知識からみる日本の寿司

なぜ寿司職人の手には米粒がくっつかないのだろう?

なぜ寿司職人の手には米粒がつかないのか、これはよく聞かれます。一般の人がご飯を握るとすごい手にくっつきますよね。私たちは何個やっても手につかない。

これは、私もすごく疑問に思っていました。最初、寿司職人の修行に入ったときに、残ったシャリで勉強するんです。そうすると一個やるたびにどうしてもご飯がくっついてしまいます。手水をいっぱいつけないとくっついてしまうのです。先輩の板前は何個握っても手にシャリがつかないのです。それが不思議で、先輩に聞いたことがあるんです。

「何でくっつかないんですか？」と聞いたら、「年数を重ねて何貫も何貫も握っていると、米粒がくっつかない肌になる」と返されました。

実際に、今私が握っても全くご飯粒がくっつかない。そういう手になってくるのです。だから、もう10個握っていても微量の酢をつけるだけで米粒がくっつきません。

何の根拠もないのですが、ただ、そういう肌になっていく。毎日、酢を触っていたり、水を扱ったり、毎日魚の調理をやったり、米粒を握ったりしていくうちに米粒のさわり具合や、くっつかないようなにぎりになっていくのですかね。おにぎりとかを握っても手につかないのです。そういう肌になってきます。何年か経って気づいたときには、くっつかなくなっていました……。

あとは、なぜ寿司職人は手を叩くのか……。一個二個握ったときに指先に少し水を垂らして手を叩きます。一般の方は、拍手の手のようにリズムで叩くと思っているようですが、実際は手水というものをつけてシャリを握ったときに、ちょうどよい手水の量を調整しているのです。べちゃべちゃになるとおいしくないし、乾いちゃってもパサパサになるので、ほどよい水加減を調整して、中には2回叩く人もいるし、常にそのギリギリの状態の水を手にまぶして寿司を握っています。

手水の入れ方や付け方によっても、寿司のにぎりは変わります。でも、それは常に経験で、寿司の職人は何回も何回も握ってきています。職人によってどれがベストのにぎりでおいしいのか、水の付け方がよいのかも違います。そういうところも寿司店に行ったときに見るとも楽しいかもしれません。

私はお客様を見て、手で食べる人と、箸で食べる人でもにぎりの形を変えたりします。箸でつまむとどうしても崩れやすくなる。でも、手で食べる人には、手で食べるなりの柔らかさに握ってあげたり。そういう心遣いができる職人が、しっかりとしたそれなりの職人になれると思います。

よく、「うちはシャリが全部一緒だから」という店がありますが、ネタとシャリのバランスをうまく考えて、ネタもその分小さく切ってあげるなどしてもらいたいなと思います。バランスよく、女性や、お酒を飲んで刺身を食べたい人には、シャリを小さくして握ってあげたりとか、寿司だけしか食べない人には、一人前でお腹いっぱいになるようにシャリを大きめにするとか、それが回転寿司ではできない私たち職人のサービスです。お客様が学生だったり、体が大きくて若い人だったら、シャリを大きく、でも飲みながらつまみを食べている人には、いろいろな種類を食べてもらいたいから小さめにするとか。

お客様ひとりひとりの個性に合わせて、握ってあげるのが本当のよい職人なのかなと思います。

日本の包丁はなぜ片刃?

包丁の形も、日本と海外では違います。日本の包丁は片刃で、片方にしか刃がついていない。海外では、普通の包丁は両刃で、両方に刃がついている。両方を研ぐことで真ん中で切れる。

なぜ、日本の包丁は片刃なのか。刀から来ているといわれています。刀も、片刃の刀が多い。

包丁も両刃の場合は、まっすぐ切ると、刃がまっすぐについているからまっすぐ下に落ちるんですよ。

でも、日本の包丁は片方しか刃がないので、切ると左斜め

片刃の包丁

に入っていく。この抵抗を使って刺身を切ったときに裏と表を作るという特徴があります。左の方がつるつるの面、右は刃が入っているのでザラザラになります。

片刃の包丁は切り口に裏と表を作る

この角度をうまく使って、刺身は色々な切り方ができます。見栄えも変わるし、表と裏を作るという特徴があります。普通の両刃で切るよりも、2倍から3倍切れ味がよいと言われています。

刀もそうですが、切るときに右ききの人はスパンと切ると、右肩から左足のほうへ片刃でまっすぐ切るとよく切れるのです。それで切りやすさのために、片刃になっています。

卵焼きでその店の力量なんかわかるはずがない

卵焼きの味で寿司屋の力量がよくわかるとみなさんよく言うのですが、私からすると関係ないかなと思います。

卵焼きって、甘いのが好きな人もいれば、甘くないのが好きな人もいるし、だしがいっぱい入っているのが好きな人もいたり、だしが入ってないのが好きな人もいたり。

みなさん味覚が違うので、卵焼きで寿司屋の仕事がわかるというのは疑問です。

では、どんなネタを食べれば寿司屋の力量がわかるのかというと、コハダです。

昔、寿司の台所のことを、「つけ場」と言っていました。

今でも言うのですが、昔は寿司を作るときに必ず醤油に漬けたり、酢に漬けたりして作業していたので、つけ場と言われます。

微妙な塩の振り加減や、微妙な酢の漬け加減、同じコハダでも店によって、同じものを仕入れても、全く味が変わってきます。サバもそうですが、その店の寿司の力量を見るのはコハダと言っていい。

締めるネタを食べることによって、その店のよし悪しがわかってきます。ちょっと生臭かったりとか、しょっぱかったりとか、お酢が強かったりすることもあり、ほどよい塩梅がすごく難しいのです。季節によっても塩につける時間も変わるし、毎日毎日いじっていないとわからない。

そういうわけで、お店の力量を見るのであれば、卵ではなくてコハダを頼むべきかなと思います。

寿司の食べる順番は食べたいものから食べろ！

寿司屋で、何から食べたほうがよいのかという質問をいただきます。

よく言うのは味のうすい順番、先に白身から入ってさっぱりしたスジメからいって、光物とか貝類にいって、少しずつ青魚とか脂の強いものにいって、最後にアナゴなどの味が濃いもので終わったほうがよいという意見があります。

私の意見としては、食べたいものから食べるのが一番よいです。そのためにお茶があって、ガリがあるので、自分が食べたいものから注文するのがベストだと思います。

寿司屋でも「お任せね」と言ったときに、板前によっても全然出し方が違って、なかにはうすいものから出す人もいますが、私は最初に、今日自分が仕入れたなかで一番よいものを出します。

よいマグロが入ったなと思ったら、最初に中トロを出しちゃうんです。

なぜかというと、最初は一番お腹が空いてるじゃないですか。そのときに一番おいしいものを食べると一番感動があるんですよ。だんだんお腹が満たされてくると、おいしさは半減してしまうんです。

だから私は、最初に自信のあるものをお客様に出す。そうすることによって、忘れられないインパクトを与えられます。最初に食べるものが一番味を感じるのです。

寿司店と笹の関連性

江戸時代、看板などがなくて、寿司屋では笹を切って自分の家紋を作って入れていました。笹には、サルチル酸という成分があって、防腐作用の役割もあります。それが時代とともに、職人さんが包丁の技術を磨くため鶴を切ったり、亀を切ったりするようになり、今でも受け継がれています。

現在、技術コンクール笹切り部門というのがあります。最近はプラスチックになっていますが、本当は笹には殺菌作用や防腐作用があったり、最初は店の家紋を入れたりしたのが、寿司屋と笹の関係の始まりです。

寿司や刺身をきれいに盛る方法

自宅などで、魚を買ってきたときに、見栄えよく見せる盛り方があります。まず一つは高いところから低いところへ盛るということです。要は、奥を高くしてだんだん手前にいくにつれて低くしていくんです。そうするときれいに盛れる。

これはほんとうに単純なのですが、やってみるとわかります。大根のツマを上の奥のほうに高く盛ってあげる。そこから低く少しずつ盛ってあげる。このようにすると、見栄えが綺麗な逆三角形になります。広いところから狭く盛ってあげるのも手です。

次に、色合いです。青黄赤白黒《しょうおうしゃくびゃっこく》、青もしくは緑、黄色、赤に白黒。青赤白緑とも言う。要はこの5つの色、青黄赤白黒。日本の料理はこの五色を使うと見栄えがよくなるといわれています。

青もしくは緑は料理に落ち着き、安心感が出る色なのです。黄色と赤は食欲を増す色、白は清潔感です。黒は引き締める役割があります。これは昔の仏教から来ているようです。昔ながらの日本の料理ではこの五色を使っているので、見栄えがよくなっているといわれています。

信号の色と白黒とよく言いますが、和食はこれをうまく使っています。マグロは赤だとしたら、白で白身を入れて、きゅうりとか大葉が青と緑になって、レモンを入れると黄色になって、あと小菊という小さい菊みたいなものとか。そういうふうにこの五色が入ることによって見栄えがよくなります。

同じ色と同じ色をくっつけない。白黒白黒とか、白黄白とか、白身白身ってやっちゃうと同じ色になっちゃうから。それさえ気をつければ、ほんとうに刺身をきれいに盛れるのです。

あと、料理を作る上で大事なポイントは、五感を意識して作るということ。

では、「五感って何?」というと、視覚、臭覚、味覚、聴覚、触覚です。これを常に意識して作ると料理っておいしくなるんですよ。

昔から私も言われていたんですけど、何も考えずに作るのではなくて、常にまず目で見て意識して、常に臭いを意識して、もちろんちょこちょこ味見します。音というのはてんぷらの音とか、炒めたときの音で温度がわかる。常に自分で触って確かめる。これを常に意識していくと、料理がどんどん上達していくし、いい料理が作れるのです。

これは板前の世界でもそうですし、家庭料理でもそうなんです。常に五感というのを意識してください。五味、五感、五色、常に五五五というのが日本の文化、日本食の特色であり、醍醐味なんです。

塩締めの効果、酢締めの効果

みなさんコハダやサバは好きですか?私は大好きです!ここでは塩締め、酢締めの効果についてお話しします。

サバやコハダは最初に塩で締めてから酢で締めます。

まず、塩締めの効果。塩には細胞の水を吸い取る力があります。細菌は、塩から身を守る人間の皮膚のような細胞などをとくに持っていないので、殺菌することができます。また、塩にはタンパク質を凝固させる働きがあります。酵素の働きでタンパク質からアミノ酸が生成されうま味が引き立ちます。

酢締めする前に塩をふることにより、身から水分を引き出すことで身が締まり弾力性が出ます。これを専門用語で「坐《すわ》り」といいます。漬物なども同じ原理です。

次に、酢締めの効果。魚には、うま味成分であるトリメチルアミンオキサイドという無臭の成分が含まれています。

この成分は時間とともに細菌の作用を受け、生臭い成分であるトリメチルアミンという成分に変化してしまいます。さらに時間がたつとアンモニアを生成しもっと臭いが強くなります。トリメチルアミンはアルカリ性なので、酸性である酢で洗うことによって臭みをなくすことができます。また、酢で締めることにより身の表面に付着している細菌を殺し、菌の数を減少させる効果があります。

塩締めしてから酢締めすることにより、殺菌のほかに身のタンパク質を変えて生で食べるのとは違った味わいや、食感をつける効果があるのです。

私がとくに思うのはコハダです。コハダはそのまま食べるとまずくて食べられないのです。でも、塩で締めてから酢で締めると、別物のようにおいしく変身するんです。本当に料理って奥が深いです。

旬とは……

みなさん、ご存知のとおり、日本では春夏秋冬と四季があり、旬という言葉をよく使います。旬とは、その食材に対して収穫量がピークにあたる時期、また一番おいしく食べられる時期をいいます。

四季によって、そのときにとれる魚や食材、野菜が違いますね。その一番おいしいときを味わうのを旬とよぶのです。これって海外ではあまりないんです。

だから日本の、夏は暑くて冬は寒いという季節があるって大事ですね。日本食ならではの四季、それによって食べ物もいろんなものが作れるんだということ。旬というのは日本の食文化の代表格です。

世界中の魚は何種類くらいいるの?

世界中の魚って何種類くらいいるのでしょうか?

調べてみたところ、約25000種前後の魚がいるといわれています。

日本とその周辺海域には、約4000前後の魚がいるそうです。私たちは何種類くらいの魚を食料として利用しているのでしょうか。

世界中では、およそ750から800種類ほどといわれています。日本ではおよそ250から300ほど。

各国でとれる魚とその魚の旬を調べることにより、その国々で作る寿司ネタの種類が増え、より一層おいしく魚を食べられることや、寿司への関心が深まるのではないでしょうか。

その寿司用語、じつは違うんです!

みなさんが寿司店で「上がりください」と言うことがありますよね。「上がり」というのは寿司用語なのですが、でも実際には全部食べたあとに飲むのが「上がり」なんです。最初に「上がり」というのは、「もう終りですよ」という意味を言います。最初に出すお茶は、「でばな」と言います。「上がりちょうだい」というお客様がいるのですが、お客様は普通にお茶くださいと言ったほうがいいのかなと思います。

お勘定。食べた後にお勘定を「お愛想」と言う人がいるんですけど、「お愛想」というのはこちら側（寿司屋側）がお愛想でお金をもらうという意味なので、お客様が「お愛想」と言うのはおかしいのです。実際には「お勘定」のほうがよいです。

その他にもみなさんがよく知っているものでは、醤油は寿司用語で紫とか、タコだとハチマキって言ったりとか、わさびだと涙とか言っていたり。あとは、マッチのことをテッカリと言ったり、タクシーを呼んでオトモとか言ったり、寿司屋ならではの用語があります。

海苔を草と言ったり、塩のことをナミノハナ（波の華）と言ったり。シャコだとガレージと言ったり、カタオモイというのはアワビです。片方にしか貝がないから。数の子もダイアと言ったりとか。

お寿司屋さんで「草ちょうだい」と言うと「海苔ちょうだい」ですし。「兄弟」というのがあって、「兄貴から使って」というのは、「先使い」、弟は「後使い」。「なになに山ね」というのは、「もう何もなくなったよ、山には魚がないよ」という意味。例えば、「マグロ山ね」と言ったら、「マグロは売り切れだよ」とか。こういうのをよく使う。

「出山ね」って言ったら、「これが出て終わりだよ」とか、そういう言葉が寿司用語であります。知っておくと寿司屋で楽しめるかなと思います。

出世魚って……？

魚の中には、出世魚とよばれる魚がいます。春先になるとハマチとか、有名な魚ですけど、ワカシ、イナダ、ハマチ、ブリ。

東京と関東でもまた違うのですが、ワカシ、イナダ、ワラサ、ブリなんです。春先にちっちゃいときには、ワカシ。それが夏ぐらいになるとイナダになって、秋になるとワラサ。ちょうど冬になるとブリになる。

ワカシというとさっぱりして脂がないけど、ブリになると脂がのっておいしくなる。こういう出世魚も旬の一つの醍醐味です。コハダとかもそう、最初５月６月のシンコというのが、小さくて、今やキロ３万円から４万円もする高級ネタです。

シンコが出てきたときには小さいのは五個づけぐらいにして出して、それで季節を感じる。それからコハダが夏ぐらいにおいしくなって、秋ぐらいになってナガヅミってなって、最後コノシロという名になる。

こうやって同じ魚でも味が変わったり。これが旬の醍醐味なんです。いろいろな出世魚がありますが、そういうのも日本の寿司、食文化ならではのものといえるでしょう。

★出世魚

関東　ワカシ↓イナダ↓ワラサ↓ブリ
関西　ツバス↓ハマチ↓メジロ↓ブリ
関東　セイゴ↓フッコ↓スズキ
関西　セイゴ↓ハネ↓スズキ
シンコ↓コハダ↓コノシロ
スバシリ↓イナッコ↓ボラ↓トド

☆成長につれて名前が変わっても出世魚とは言わない魚

サゴシ・サゴチ↓ナギ↓サワラ
ショッコ↓カンパチ
コメジ↓メジ↓マグロ↓オオマグロ
サヨリ↓カンヌキ
ソゲ↓ヒラメ
ウリボウ↓イサキ

地域によって呼び名が違いますのであくまでも参考にしてください。

「タタキ」って何？

「タタキ」といえば、「カツオのタタキ」とか「アジのタタキ」などが代表的ですね。アジのたたきは、包丁で叩いて、アニサキスを殺すのもそうですし、叩くことによって身や細胞を崩してうまみ味が増します。その中に薬味を入れて生臭さを消して食べる代物です。

では、「カツオのタタキってどうなの？」

カツオは非常に鮮度が落ちやすい魚です。江戸時代からカツオは食べられていましたが、当時はカツオは高級魚で、江戸だったら春の「初ガツオ」は、「女房質屋に売ってでもカツオを買え」ということわざまでありました。そのくらい江戸時代に好まれていた魚でした。

土佐の方でも土佐造りというものがあるのですが、カツオのたたきがなぜできたかというと、説が2つあります。カツオのタタキは、火で炙って、皮目を焦がして、香ばしさを出して食べます。

一つは、昔の火を炙る台所のことを「叩き場」と言っていた。そこでわらなどで焼いて、お客様に出していたというところから、「タタキ」という説。

もう一つは、江戸時代にあまりにもカツオによる食中毒があって、四国の殿様がカツオを生で食べるのを禁止したらしい。そのときに周りだけ焼いて、焼いたことにして、中は生なんですが、そのまま食べていたという説、他にも、焼く前に塩をまぶして身を叩いていたという説があります。

カツオの身を叩いて塩をつけていて、そこから「カツオのタタキ」と言われたという説もあります。カツオにはアニサキスが非常にたくさん入っているので、炙ることによってアニサキスを死滅させます。また、皮目と身の間は、一番おいしいところなので、その余計な脂をとって皮を香ばしくし、魚と身の間の脂を炙ることによって、味を引き立てます。おいしく、しかも安全に食べられる。こういうのも文化とともに、今になって安全に食べる一つの技法として受け継がれています。

「でんぶ」と「おぼろ」は違うの？

ちらし寿司や手巻き寿司を華やかに彩る「でんぶ」。人によっては、「あれれ、おぼろじゃないの!?」と思う方もいらっしゃるかもしれません。

「でんぶ（田麩）」と「おぼろ（朧）」の違いは何でしょうか。

明確なちがいというよりは、お店の方針や地域の特性によって呼び名が異なっているようです。

さまざまな説や考え方があるようで、線引きは曖昧な部分がありますが、私の意見としては、

「でんぶ」は、白身の魚をゆで、ほぐして繊維状にしたのち、砂糖などで味つけし水分がなくなるまで煎ったもの。

「おぼろ」は、エビなどの肉をすり潰して味をつけ、煎り煮にしたもの、となるかなと思います。海老のかわりに卵の黄身を使うと、黄身おぼろになります。

みなさんのお住まいの地域では、いかがですか。

海苔って不思議

よく考えると「のり」って不思議な物体ですよね。黒い紙みたいで……。小さい頃、口の中に海苔を入れて、「お歯黒」とか言っていたことを思い出します。

なぜ「のり」というのでしょうか。一説ですが、摘み獲られたばかりのときはほかの海藻と同じく「ぬるぬる」としていて、このぬるぬる感から「のり」と名づけられたとのことです。しかし、誰が考えて作ったんでしょうね。おにぎりの海苔って本当においしいですよね！

実は、海苔にはすばらしい効用があるんです。例えば、お酒を飲まれる方には、肝

臓の解毒作用を助ける働きがあります。あとは、血液中のコレステロール値を下げてくれたり、食物繊維が多く含まれているので便秘にも効果があるらしいです。このほか、貧血防止、がん予防、美容にも効くらしいですよ。

海苔を一番食べている国は、韓国です。一人あたりの消費量は日本人の2倍近くあるそうです。

海苔を開封して置いておくと湿気ってしまいますよね。海苔は開封した後は、しっかりと密封して冷凍庫で保存するとよいらしいです。

シャリに6分の味がある　寿司には欠かせない米の重要性

「お寿司で一番重要なのは何か」とみなさんに聞くと、「ネタ」と答える人も多いのですが、実際のところ一番大事なのは、米なんです。

私たちが一番力を入れているのが、米です。寿司の世界では、「シャリに6分の味がある」という言葉があり、寿司では米は6割の重要性があるといわれています。

いくらネタがよくても、シャリがおいしくないと寿司はおいしくないのです。逆に、ちょっとネタが悪くても、シャリがおいしいと寿司はおいしい。そのくらい私たちは、米に力を入れています。

米にはいろいろな品種があり、よく用いられる品種はコシヒカリ、アキタコマチ、ササニシキなどがありますが、採れる地域によってもちがいますし、毎年、米のでき具合いによってもちがいます。

私の店では、3種類の銘柄をブレンドしていましたし、新米や古米で水の分量も変わります。また、配達用、店用も分けたりしていました。それぞれのお店によっても大きく変わると思います。

また炊くときにひと工夫しているお店も多いです。うまみを出すために昆布を入れてみたり、香りに酒を入れてみたり、炭を入れて炊いたり、甘みを出すために砂糖やみりん、はちみつなどを入れている店もありますし、つやを出すためにサラダ油を入れているところもありますし、さまざまです。またシャリの好みも人それぞれです。

私が思うに、一番大事なことは米をしっかりと研ぐということです。米粒の表面のヌカや油などを、米と米を合わせきれいに削り取るように洗います。米をおいしく炊くにはまずよく研ぐこと。そうすることにより、酢がしっかりと絡み、シャリの鮮度の維持にも効果があるんです。

寿司店で使われる符牒

寿司店には符牒《ふちょう》というものがあります。市場でアジを買うにしても毎日天候や量によって値段が変わります。値段の設定をしていなくて、そのときの市場の仕入れ値によって寿司店が毎回値段を変えていた。それを「時価」と言います。昔の寿司店には値段表がなかった。だから、お客様も寿司店に入るのが怖い怖いと言っていました。

例えば、「マグロのお刺身ください」と言うと、そのときによって値段がちがうので、今日は刺身のマグロは千円だけど、次の日には仕入れが高かったら千五百円になることもあります。そのとき、お客様の前で値段が言いづらい。

毎日仕入れ値が変われば、刺身一人前、にぎり一個の値段が変わります。そういうときに、寿司店では符牒という数え方を使います。

例えば、0~10の数字が、寿司店だと、ヤマ（0）、ピン（1）、リャン（2）、ゲタ（3）、ダリ（4）、メノジ（5）、セイナン（7）、バンド（8）、キワ（9）、ピンコロ（10）という言い方になります。

11以降も、アサ（11）、チョンブリ（12）、ソッキリ（13）、ソクダリ（14）、ソクメ（15）、ソクロン（16）、ソクセイ（17）、ソクバン（18）、ソッキワ（19）、リャンノ（20）となります。

お客様の前で値段を言いたくない状況で、「マグロいくら?」と聞かれたときに「1700円ね」と答えるときは、ソクセイと言います。

サバを読むってどういうこと!?

「サバを読む」という言葉をよく耳にしますよね。

女性の年齢を「サバを読んでるな」とか。

サバは腐りやすい魚です。「サバの生き腐れ」という言葉にあるとおり、すぐ傷んでしまう。それを昔の漁師さんは、早く数えないと腐ってしまうので、12345ごにょごにょ……と、ある程度いい加減に急いで数えていた。そこから「サバを読む」と言うようになったそうです。

寿司店に嫌われる客、怖い客

寿司店にとってお客様は神様ですが、私たちもやはり人間、好きなお客様もいれば、苦手なお客様も、ちょっと怖いなと思うお客様もいます。

一番困るお客様は、ほかのお客様に迷惑をかける人です。みなさん同じ立場で寿司店に来ているのに、周りのお客様にちょっかいを出す。寿司店としては、お酒を飲んで職人に絡むぶんには我慢できるけれど、周りにいるお客様にちょっかいを出されるのは困ります。

あとは、知ったかぶり。知ったかぶりするお客様は、私たちプロでやっている板前をちゃかすというか、「お前、これ知ってんのか？　ああで、こうで」などと言うお客様。なるべく、お客様として来ているときは、板前の言っていることを素直に聞いて食べてほしいです。

ところで、寿司店では「おいしいおいしい」とあまり言わないほうがいいです。気を使って、「おいしいね、おいしいね」と言うと、「このお客様、よろこんでいるから安心だな」と思われてしまうかも。（※小川はそんなことはしません！）

私たちも「まずい」と言われたり、「ちょっとこれは……」と言われたりしたら、代金をいただきづらいのです。やはり、安い物ではないので……。例えば、ヒラメを出したときに、「これイマイチだね」と言われたお客様からは、お代をいただくのが申し訳なくなります。

今でもやっぱり高級店だと、「時価」で金額がないところもあるので、「あと、お任せで」と言ったときに、お客様が「おいしい、おいしい」と言ったら、職人も油断しやすいんですよ。

私たちも魚をまるごと仕入れていて、魚には尻尾から頭まであるので、どうしてもおいしい部分とそれほどでもない部分がでてきます。おいしい部分はお腹の部分などで、尻尾などはどちらかというと、筋が強くて味もお腹ほどはおいしくない。

でもそれを全部使わないと商売にならないので、お客様を見て、「このお客様には尻尾でも大丈夫かな」とか、「このお客様にはいい部分出さないといけないな」とか判断しています。

お店でよいものを食べたいのであれば、あまり安易に「おいしいおいしい」と言うのは、控えたほうがよいと思います。

逆に、一番怖いお客様はどういう方かというと、黙って食べるお客様です。おいしいのか、まずいのかわからないお客様。変なものは出せないなって思います。

これも寿司の醍醐味というか面白さです。お客様と板前との駆け引き。

あとは、「この人、お金を持っているな」というお客様。

ある例をあげると、普通の私服を着て寿司店に行って、刺身とお寿司を注文したら、2500円だったのに、仕事でスーツを着て行ったときは3500円取られた、なんて話を聞いたことがあります。

でも、これはぼったくりではなくて、支払い能力のあるお客様とわかると、できるだけよろこんでいただけるように、よい部位のネタを入れようと考えます。お互いに気持ちよく食べるために「暗黙のルール」というものがあります。こういう駆け引きというのが寿司店ならではの面白さなのではないかと思います。

ちなみにデートで来ているお客様には、よろこんでもらえるようにしています。また、派手目のお姉様を連れてきたお客様には、女性によいものを食べてもらえるように考えます。女性が隣にいるから、そういうお客様は値段に糸目をつけないんですよね。ウニを1・5倍のせてあげたりとか、お客様も女性がよろこんでくれるのがうれしいので、その辺もお客様を見ながら駆け引きしています。

シャリは酢の合わせ方一つで危険な食べ物になってしまう!

お酢にはすごい力があります。

寿司の世界でも、「酢なきにして寿司ならず」といわれています。

みなさん、酢は、何から作られているかご存知でしょうか。

お酢の原料は、米や穀類、果実など、原料の糖分を醸造することでお酒を作り、それを酢酸菌というものを利用して酢酸発酵させたものが「お酢」になります。

ということは……お酒を作っている国はお酢が作れるということです。世界中にいろいろな種類のお酢があります。

また、お酢には優れた抗菌、殺菌作用があります。みなさん、よく寿司屋で板前さんが水に手を入れ、その手を左の手の平で叩きポンッと音を鳴らせているのを見たことありますよね。あれには大事な意味があるんです。ただシャリが手につかないためにやっているわけではないのです。

あの水は手酢といって、水と酢を1：1で割ったものです。手酢を手に塗布し抗菌するという大事な役目があるのです。最近、手袋をして握っている調理師がいますが、この動作をよく観察してください。手酢を使わない人も多いんですよね。

何故かというと、シャリが手につかないからです。

手袋は優れもので、10分間洗わなくても粘ることはなく握っていられます。

その手袋を調べると、手酢を使っている素手と比べると、恐ろしいほどに不衛生なことが調査結果で示されています。

寿司に使う米酢はＰＨ２（水素イオン濃度指数）という大変な抗菌力をもっています。

ほかにも血液の流れをよくしたり、疲労回復、食欲増進、血糖値を抑える、コレステロール値の低下などなど、お酢は健康にすばらしい効果をもたらします。

みなさんも日常の調理でぜひ活用してみてください。

なんで寿司にガリがつくの？

寿司の用語で「ガリ」といえば生姜の酢漬けですが、食べたときに「ガリッ」と音がするとか、ガリを作るのにうすく切るとき、「ガリガリ」と音がするからガリという説もあります。

ガリは、寿司の脇役として必ずついてきます。生臭みのある魚、サンマ、アジ、サバ、カツオなどにおろし生姜を加えると生姜の臭いで生臭みが消えます。

刺身や寿司ネタに使う生姜は主に根生姜を使い、わさびと同様に香気成分と辛味成分があり、その成分には「ショウガオール」や「ジンゲロール」があります。これらの成分には殺菌作用と抗酸化性もあり、寿司に添えられる生姜の酢漬けは、こうした成分の働きを有効に利用して寿司のおいしさを引き立てます。

生姜には、タンパク質分解酵素が含まれ、また辛味成分が唾液の分泌を促進させ、消化を助ける役目があります。

さらに、濃厚な寿司ネタを食べた後に、淡白な味の寿司ネタを食べるときは、生姜の酢漬けを食べると口直しとして、口の中がさっぱりしておいしく味わうことができます。

寿司店で多い食中毒は卵焼き

寿司店でよくある食中毒は何かと言うと、海外では手袋による食中毒が非常に多いのですが、日本の寿司店で多い食中毒は卵なのです。みなさん魚だと思われるのですが、実は卵です。

なぜかというと、お店で焼いているところで多いのですが、卵を焼いたあと、冷ましますよね。冷めたかなって素手でトントンと卵を触ると、これが危ないのです。バクテリア菌が繁殖する温度というのが10度から65度と言われています。10度を超えると、バクテリア菌が繁殖します。65度以上になるとバクテリア菌は生きられない。超危険温度というのがだいたい人間の体温位で40度前後なのですが、ここが一番繁殖しやすい。

寿司を握って、魚を触って、その手で40度くらいのときに卵焼きを「冷めたかな?」って触って、一気にバクテリア菌が増殖してしまうのです。それを食べたお客様が食中毒になってしまう。

これが今、寿司店で一番危険と言われています。だから、職人が卵を焼いたときは直接手で触れないようにと指導されています。

なんで寿司は二個出てくるの？

最近では一個ずつにぎりを出す寿司店もありますが、ふつうは一回注文すると二個出てきます。なぜ二個出てくるのでしょうか。

よく、一貫というとにぎりが二個出てくると勘違いされることがあります。しかし、一貫は一個です。

昔は一個が大きかったので、二つに割って職人がお客様に出していたところから、二個になったという説と、「一膳めし」を昔の人は嫌ったという説があります。

自分の娘を嫁に出すときに一膳めしで送り出したり、死んだ方に一膳めしで供えたり、一個というのがあまり縁起がよくなかったということから、二個出すことになったといわれています。

なんで寿司を数えるとき一貫二貫と数えるの？

なぜ、寿司を数えるときに「一貫」というのか。

昔は、穴の開いたお金があって、それが一文でした。それを50文を糸に通して束にしたものが一貫でした。

その大きさとお寿司の一個の大きさが一緒というところから、一貫、二貫とよぶようになったという説があります。

白身と赤身の違い

「赤身の魚って?」、「白身の魚って?」「何がどう違うの?」

みなさん、ふだん食べていて考えたことありませんか。

魚をおろすと赤い色をした身があったり、白い色の身があったり、ピンク色だったりと、魚によって色が違いますよね。

この色は筋肉の色からきているのです。

簡単に言いますと、赤身の魚は長距離選手、白身の魚は短距離選手なのです。

赤身魚の回遊魚は、常に泳ぎ続け、寝ている間も泳ぐのをやめません。

そのため、持久力重視の筋肉がつき、その筋肉はスピードよりエネルギー効率を追求したものになっています。持久力を重視するには大量の酸素が必要になり、その大量の酸素を効率よく利用する体のしくみが必要になります。得た酸素を効率よく使うため重要な働きをするのが色素タンパク質なのです。

色素タンパク質には「血液色素たんぱく質」のヘモグロビンと「筋肉色素たんぱく

質」のミオグロビンがあり、赤身の魚は、このミオグロビンを多く持っています。ミオグロビンの中の『ヘム』という鉄入り色素が赤いため、赤身になるというわけです。

一方、白身の魚は回遊しないであまり動かず深海に棲む魚が多く、魚付き合い（人間ではないので、人付き合いではなく魚付き合い（笑））の苦手な魚で、自分で獲物を追いかけるときや、逆に追われるときに『瞬発力』を必要とします。

このとき必要なのは、取り込むのに時間のかかる酸素ではなく、いかに早くグルコース（ブドウ糖）を乳酸に変え、エネルギーとすることができるかです。そのため、色がつかないので白い筋肉になるのです。

あなたは瞬発力のある短距離選手の白身派ですか？それとも持久力重視の長距離選手の赤身派ですか？

大根で剣？の妻？を作る

お刺身に大根の刻んだものが入っていますよね。アレをみなさん、ツマツマって言いますが、ほんとうは、大根の「ツマの剣」といいます。

ツマというのは、大葉にしろ、わさびにしろ、レモンにしろ、これら全部ツマなのです。その昔、日本は、男が強かった。その男を支えるのが妻（ツマ）という役目で、基本的には、刺身を引き立てるものを全部ツマとよぶのです。

最近では、女性も活躍する時代ですので、そういうことは言いにくいのですが、当時はツマというのは、レモンにしても大葉にしても、メインの刺身を引き立てる周りのもの全部がツマでした。

でも、それが基本的に大根がメインになっています。大根のことをツマと言っていますが、間違いではないけれど、ほんとうは「ツマの剣」なのです。なぜ、剣というのかは剣道の剣のように、「尖っている」という意味があるからです。

折詰の重要性とすばらしさ

寿司店の折詰。お父さんが糸を垂らして、酔っ払って家に帰るとき、「奥さんにこれ持って帰ってよ」ってよく言いますよね。

あの折詰、中身をびっしり詰めているんです。もちろん崩れにくいというのもあるのですが、実際は電車でもぎゅうぎゅう詰めの状態を「寿司詰め」とよく言われますよね。

魚についているバクテリアは空気が入ると繁殖しやすいので、真空パックのようにびしっと詰めた状況にして、菌を窒息死させる。このことによって、バクテリアが発生しづらくなるので、お持ち帰りで時間がたっても安全に食べられるようにしています。

わさびじゃなくてマスタードはダメなの?

寿司にわさびをつけるじゃないですか。なぜ、わさびでないとダメなのでしょうか。マスタードではダメなのでしょうか。

寿司を食べるとき、わさびをつけるのは日本では当然なことなのですが、わさびは非常に強い抗菌性があって、バクテリアを殺してくれたり、繁殖を抑えてくれるような働きがあります。「何でマスタードじゃダメなのか」と、一度お客様に言われたことがあって、調べてみました。

マスタードには殺菌性がないみたいなのです。例えば、納豆にマスタードが入っていますよね。なぜわさびでないのかを調べたらわさびは菌を殺してしまうので、納豆菌を殺してしまうそうです。すると納豆の粘りがなくなってしまう。そのくらいわさびは菌を殺してくれる働きがあり、納豆には入れることができない。

だからマスタードを魚につけても、ただ味が変わるだけで、バクテリアを殺してくれる働きはないのです。

なんで「刺身」というの!?

刺身は、昔から食べられていますが、身だけでお店に並べられると、やはり何の魚の切り身なのかわからない。そこで、その魚の尻尾や頭に身を刺して売られていたらしい。そこから、「刺身」という名前がついたそうです。

今でも、居酒屋さんなどで、どれがどの魚の刺身かわかるように、名札をつけてくれているお店もありますよね。そんな感じなのでしょうね。

本当は一番難しい巻物

寿司店の板前の技術を見るのは、巻物がいい。私が、寿司で一番難しいと思うのは巻物です。

修行時代に最初に魚の仕込みをやったあと、にぎり、刺身と覚えていくのですが、にぎりとか刺身よりも巻物はほんとうに難しい。ただ巻くだけなら誰でもできます。

海外だとご飯粒が外にあって、巻いてある「インサイドアウト」という巻物があり、あれは誰でもできるのです。なぜかというと、米がのびるからです。だから、多少米の分量が違っても、お米をのばせばきれいに巻けるのです。

でも、海苔が外に巻いてあるものは、のびないからシャリが多かったらパンクします。常に80ｇなら80ｇ、きちんとシャリを入れないとパンクしてしまう。逆に少ないと、中にしっかり芯が入らない。芯が端っこにいったりする。

あとは、6等分に切るのですが、最初の半分はよいとしても、そのあと3等分にするのが難しいのです。綺麗に高さが合いません。包丁が切れなかったり、技術が足りないと、海苔がぐちゃぐちゃになったり、切り口が悪くなったりします。

これをすべてきれいにやるのはほんとうに難しくて、私も寿司店に行って板前さんに巻物を頼むときにもよく見ます。それを見たら、その人の技量がすぐにわかります。この人いい加減だなとか、この人丁寧な仕事をするなというのは、巻物1個でわかります。

きれいにふんわりとシャリをのばし、しっかりと芯が真ん中に入っている。これもほんとうにきれいに海苔を敷いてないと巻けないのです。よく研いだ、切れる包丁で海苔が潰れてしまわないように、ピシッと切り口を出す。しっかり飯を切り裂く。それも経験と技術と包丁の手入れが揃っていないと切れません。巻物を3等分しても、きれいに高さが合わせられるだけの経験や技術がないといけません。

日本の寿司では、6個落としと、4個落としの2種類があります。例えば、かんぴょうやしいたけは、4個落としにします。カッパ巻や鉄火巻きは6個落としにします。

6個落としと4個落としの違いは何かというと、基本的に醤油をつけるものは6個落とし。醤油をつけないものは4個落としにします。4個に落とすものは味が濃いものなのです。かんぴょうを6個落としにしてしまうと、かんぴょうの味しかしなくなってしまう。シャリとのバランスを考えて、味の濃いものは4個に落とすことによってシャリが増える分、いい塩梅というか、シャリの甘みとかんぴょうの辛さのバランスがよくなります。

逆にカッパとか鉄火は、ちょっと醤油をつけることによって、シャリとその魚と醤油が相まったときに一番おいしく感じます。でも、それを4個に落としてしまうと、逆にシャリが勝ってしまいます。

写真で見てきれいでも、なかにはつぶしてしまったり、力づくでやってしまう人もいます。でも、食べてみると、口の中でほぐれないで、もちもちしてしまっておいしくない。ほどよい力加減で食べたときに、シャリが口の中でほどける。また海苔もパリッと香りがいいとか、時間を長くかけてしまうと海苔がしけってしまうのです。さっと海苔がパリッとしてるうちに巻く。

このような感じで、巻物というのは寿司職人の技術がすべて詰まっています。技術を見るには巻物を見るのが一番わかりやすいです。

おいしいって？うま味ってどんな味？

私たちが物を食べるとき、どうやって「おいしい」と感じるのか。

人間には味覚があります。味覚とは、人間が舌で感じる基本の味のことをいいます。

味覚は5つから成り立っています。

「塩味」「甘味」「酸味」「苦味」そして「うま味」です。

その「うま味」のもとになる成分は「グルタミン酸」、「イノシン酸」、「グアニル酸」

と大きく分けて3種類あります。
・昆布など植物性食品に多く含まれる「グルタミン酸」
・動物性食品に多く含まれる「イノシン酸」
・干しシイタケに含まれる「グアニル酸」
みなさん、この3つの成分を発見したのは日本人って知っていましたか。
そのグルタミン酸ナトリウムを主成分とし、さらにイノシン酸やグアニル酸も加え、
調味料として開発されたのが「味の素」なのです。
つまり「塩味」「甘味」「酸味」「苦味」「うま味」などを組み合わせて統合した結果、
おいしいと感じるわけです。
そしてもう一つ「淡い味」という言葉を聞いたことありませんか。

昔、私がお吸い物を作って、親方に味見をお願いすると「もっと淡い味にしろ」とよく言われました。「淡い味」とは、材料そのものからにじみ出てくるうま味のことで、材料にちょっと手を貸してその持ち味を引き立ててあげること。この「淡い味」も、日本人独特の「おいしい」を感じる一つだと、私は思っています。

そんな味覚をもつ日本人はすばらしいと思いませんか。そして今や、日本食は海外で大人気です。今まで先輩方が築きあげた日本人の「おいしい」を、これからも大切にしていきたいと思っています。

調味料なくして寿司は語れない

世界でもヘルシーと言われる日本の寿司。そもそも何がヘルシーなのでしょうか。「魚を使うから？」「見た目がヘルシーだから？」

答えは日本の調味料にあります。

みなさんは、「麹《こうじ》」を知っていますか？　この「麹」は寿司を作るうえでとても重要です。「麹」は、麹菌というカビの一種を使用した発酵食品です。麹は「国菌」とも言われ、国の菌でもあります。

麹はバクテリアの増殖を防ぎ、非常に体によく、ビタミンB群が多く含まれていて、麹に含まれる栄養は美肌を作り、疲労を回復させ、ダイエットにも効果的です。おまけに腸を元気にしてくれるので、便秘にもよい。

この「麹」を使って酒、みりん、酢、醤油、味噌などが作られています。日本の寿司は、このような調味料を使うからこそヘルシーなのです。日本の寿司文化は調味料なくして語れません。

日本食は味がうすいからとか、さっぱりしていて油を使わないから体によいと言われますが、そうではなくて、酢や味噌、醤油などの発酵食品、麹が体によいのです。ぜひとも海外の寿司シェフにも日本の調味料を使ってもらい、ヘルシーな寿司を作っていただきたいものです。

その3　日本の寿司もヤバい!?

今の日本の寿司は外国人客に支えられている

今、銀座などの高級寿司店に行くと、日本人客がとても少ない。

前にも述べましたが、ユネスコ無形文化遺産として和食が登録されたり、映画『二郎は鮨の夢を見る』（原題：Jiro Dreams of Sushi）の公開によって、海外から本物の寿司を求めて、日本の高級店に外国人が多く訪れるようになりました。

一方で日本人にとっては、寿司はスーパーでも回転寿司でも食べられる、身近なものになりました。いわゆる大衆化が進んでいます。

日本のいまの若い人たちには、「回らない寿司店に入ったことがない」という人もいます。寿司が日常に当たり前にあることで、本格的な寿司を食べたことがない……。寿司職人としてはさびしいものです。

そんな状況もあり、昔ながらの個人営業の寿司店も店をたたんでいます。日本の消費者が個人営業の寿司店を利用せず、日本にやってくる外国人客によって支えられている状況なのです。

低コスト化による寿司の価値の低下

かつては、お寿司は高級品でした。食べられるのは、冠婚葬祭やお正月など、おめでたい日や親族が集まる日など、特別な日に限られたものでした。それが、いまや物流や産業の発展にともなって、回転寿司やスーパーのお惣菜コーナーで寿司は気軽に食べられるものになりました。

日本のスーパーの魚売り場には、海外の魚が多く並んでいます。サーモンやししゃもはノルウェー産やチリ産、アラスカ産などで、国内のものは少ない。「赤魚」（アコウダイ）と書いてある魚は、「アラスカメヌケ」。以前は「銀ムツ」の名称で流通されていた「メロ」（マジェランアイナメ）もそう。

今は表示法で、しっかりと外国の名称で表示しないといけないから、ぼたんえびは「アルゼンチンピンク」という名前で売られていたり。

一方で、海外に行くと、アメリカやシンガポールなど、寿司の先進国の市場では、日本の魚がけっこう売られています。

日本では高級すぎる魚は売れないようです。高級魚が国内で売れないのはさびしいことです。明石のタイも、高級すぎて、日本では売り切れないので海外への輸出が中心なのだそうです。

たしかに北海道産の数の子なんてすごく高い。ロシア産は安いでしょう。安いものが魅力的なのはわかるけど、たまにはよいものを、少しでも価値のあるものを食べてほしいですね。

回転寿司では、安い食材をまとめて海外から仕入れて、機械化されたにぎり製造機で、どんどんお寿司を大量生産していく。そこそこよいネタとシャリを、百円などの格安のお寿司で提供しています。

寿司だけでなく、日本の産業全体が「価格競争」で自分たちの首を絞めています。海外では日本の製品はすごく人気があります。電化製品にしても、自動車にしても、食べ物ももちろんそう。「日本のものは安心できるから」と、すごい人気があります。だから日本人はもっとプライドを持ってほしい。価格だけではなくて、サービスや品質で勝負すればいいのに。価値観を高めていかないとダメですね。安い方安い方にいってしまうのはよくない。

牛丼が一番いい例。人件費を抑えるために、深夜に一人で店舗の運営をやらせるとか……。

原因のひとつに日本人の頭のよさもあるかもしれません。商売もうまいし、きめ細かいサービスができちゃう。穴子は手間がかかるから煮て売っちゃえとか、サービスがよすぎるのですね。それがあまりにも行き過ぎて、悪い方向にいってしまっている。その点、海外は大雑把だけど、金額を下げようとはしていません。

職人としての在り方の揺らぎ、若い職人の技術不足

今の日本では、職人たちが残業できなくなったり、人件費削減の問題で、職人が育たなくなっています。

日本では、寿司産業も進んでいて、かんぴょう、卵焼きなど、仕込みに手がかかるものは、専門業者から出来合いのものを入手できるようになりました。かんぴょうの仕込みに2時間かかるんだったら、出来合いのものを買ったほうが早くて安いとかね。職人が魚をさばく、卵を焼くということができなくなりました。

自分で勉強したいという人が減っているのです。9時間しか働きたくない人は、18時間勉強している人にはかないません。職人とは何かというと、「自分の技術で稼ぐ」ということです。他の人が持ってないもの、自分の技術で生活するということ。

この「職人」という立場で食べて行ける人がどれだけいるのかという話です。私だって10年後20年後に寿司のマシンが当たり前のように普及したら、仕事がなくなるかもしれないですね。

最近回転寿司によく行くけど、いろいろ研究されていて、安いしおいしい。店によってはハイテクの寿司マシーンを使い、職人を使わず運営しています。

とはいえ聞く話によると、回転寿司業界では、百円の安い寿司よりも、300円とか400円くらいの中級の回転ずしが人気があるようです。百円の回転寿司だと薄利多売で儲けが少なくて大変みたいです。

ちょっといい中級の回転寿司では、職人がオーダーメイドで握ってくれます。今までは安ければよかったのですが、最近では少しよいものを食べようという傾向が進んでいます。寿司職人が、回転寿司の会社に流れ込んでいるのが現状。カウンターで握る高級店よりも、回転寿司のほうが給料が高い。そうすると技術の高い職人が回転寿司に流れて、回転寿司の技術も上がってきています。

逆に、今まで主流だったカウンター式の寿司店が減ってきています。かつてよくあった旬のものを「時価」と書いてある店は、みんな怖くて入らなくなりました。昔は寿司店に行くには1万円はかかると覚悟を決めていたのが、いまは1万円出す客なんてほとんどいないようです。そうすると寿司職人としての在り方がわからなくなってきます。

決して回転寿司が悪いわけではなく、価格もリーズナブルだし、バラエティー豊かで子どももよろこぶし、私も好きです。それと同時に、伝統の寿司も食べてもらいたい。とくに若い子たちに知ってもらいたいと思っています。

あと、若い子は跡を継ぎたがらないですね。みんな寿司店を経営している「大手会社」に、安定を求めて就職してしまう。町の個人店の寿司店では2代目が後を継がないから、たたむ店が増えています。海外のほうがよほど生き生きして盛り上がっているというジレンマがあります。

魚の養殖が増えているのもありますね。安いですし。養殖が悪いというわけじゃないのですが、天然ものとは全然違うと思います。普段は養殖でもいいけれど、子どものお祝いのときくらいは天然のものを食べさせてあげたい。人によってはぶりの照り焼きだったら養殖の方がおいしいと言う人もいます。

マグロも天然ものがほとんどなくて、養殖が多いですよね。養殖物は脂が強いが味に独特のくせがあり天然の味を知っている人は臭くて食べられない。でも、そのうち、小さいときから養殖を食べていたら、天然がおいしくないと言い出す若者も出てくるのでしょうね。

日本の食について、国民のみなさんがプライドを持ち、価値を高めてもらいたい。安さで勝負してもらいたくない。職人も技術で勝負してもらいたいと思います。

8

メイドインジャパンが大切にし続けた寿司への「志」と「伝統」

技術より大事なもの

イチローも寿司も、もともとは日本のものです。イチローは私と同学年で、オリックスでドラフト4位でした。入団当初は二軍でコツコツやっていて、だんだん頭角を現して日本でも活躍されました。そして、世界で誰もが知る一流の選手になりました。

彼は、とにかく野球は準備運動が重要だと言っています。

まず「誰よりも、準備運動をやれ。練習よりも準備運動を徹底してやれ」と。私たちが重要視するのもやっぱり基本です。寿司職人は基本である包丁が重要です。包丁が切れないといくら技術があってもダメ。そして包丁を砥ぐには砥石が重要。砥石がしっかり平らじゃないといけません。そして正しい砥ぎ方を知らないと、包丁を生かしきれません。

見栄えをよくすることは誰でもできます。でも、切れない包丁では本物は作れません。よく切れる包丁で、魚の細胞を崩さない切り方をしなければならない。劣化を防ぐ切り方をしなければならない。手さばき、米粒を一粒一粒がやわらかくつぶさない握り方など、基本の一つ一つがとても大事です。

見栄えは誰でも磨こうとします。人間だって見栄えがよくても、中身がよくない人はやっぱり尊敬できません。寿司も一緒で、盛りつけや見栄えがよくても、味や心がダメだとすべてがダメになります。最初に磨くのは基本、心です。

イチローも同じことを言っています。「プロとして健康状態を整える、自分の基礎体力を知って、体調管理をしっかりする。そうするとコンディションがよくなって、いい仕事ができる」と。

寿司も一緒です。本当のプロは、寿司をうまく作るのでなくて、中身を磨いていくものです。マグロを一個、お客様に握るにも、こちらの席には接待のお客様がいて、こちらは恋人同士、こっちは家族連れ、いろいろなお客様がいる。接待している方のお客様は、仕事の話をしていて緊迫状態が続き、気を使っているので食べることに集中できず、味を感じないでしょう。

恋人同士もデートではお互いが緊張していたりします。逆に家族や友人で来ているお客様は、お寿司を楽しんでいたりします。同じマグロを提供するにしても、お客様の状況によって全く味が変わるのです。その状況を把握し、お客様に提供するのが大事です。

接待のお客様には、邪魔せずよい距離感を持ちながらも、接待される側に気を使い「今日はいいネタ入りましたよ！最高のものが！」と寿司を通じて場の空気を和ませます。

すると自然に味わえるようになります。

恋人同士には「僕からのプレゼント」と言ってマグロをバラの花の形にして出したりする。笑わせて、持ち上げて、気持ちを和ませてあげる。すると味を楽しめるようになります。

いくらいいものでも、無言でドーンと置いたら、おもしろくないし味わえません。いくら上っ面でいいものを作ってあげても、相手の気持ち、心を動かさないとおいしいものになりません。ただの自己満足です。別れ話のときのお寿司は絶対においしくないけど、ラブラブで食べるととてもおいしいものです。

失敗談としては、まだつけ場に入って間もないころ、こちらに常連のお客様がいて、こちらには子供連れのお母さんのお客様がいたとき。常連のお客様から「赤貝をちょうだい」と言われたので握ってあげました。

赤貝はけっこう高価なネタです。すると、こっちの子供がそれを見て「僕も赤貝食べたい！」と言ったのですが、私は気を使ったつもりで、半分に割って二個づけにして出しました。そしたら、お母さんに「同じ注文をしたのに、どうしてこっちは小さいのがきたのですか？」と聞かれました。

お母さんにはお子さんが食べるのだと思って、よかれと思ってやったと説明しましたが、「やっぱり同じものを食べたかったわ」と言われたときに、お客様を見て接客することの難しさを知りました。

こちらは気を使ったつもりで、小学生だから少しでも安くしてあげようと思ったら、それが失敗。お客様の気持ちをつかむというのは、いまでも難しいです。日々経験と勉強をしなければならない。寿司一つでも気持ち次第で味が変わります。

とくに2回目に来たときが勝負です。私が店をしていたとき、お客様から見えないところに、初めて来店されたお客様の特徴と「白身がダメ、ひかりものがダメ」など、メモを貼っておいたことがありました。そのお客様が2回目に来たときに「ひかりものダメでしたね」って、一言先手を打って言っておくと、よろこんでまた次に来てくれます。

ガリが嫌いなお客様だったら、2回目以降は最初に下駄を出したときに、ガリは最初からのせないようにします。先手先手を打つ。シソが大好きという会話が聞こえてきたら、そのお客様にだけシソを入れてにぎりや巻物を出したら、またよろこんできてくれます。それがサービスです。

それには基本が大事。相手の心、自分を磨いて常に日々勉強する。でないと、いくら見栄えをよくしてもお客様によろこんでもらえません。

師弟関係、なかに込められた思いは大きい

日本は文化として師匠と弟子の関係が根強く残っていて、職人や武道の世界では上下関係も厳しい。中国にもありますが、海外では師弟関係の文化はあまりありません。先生というのはあるけど、一緒に住んでまで、というのは本当に日本の独特な文化です。私が見習いのころ、親方と半年間一緒に住みました。結婚しても、奥さんと一緒に住まず、親方と住んでいました。

私が寿司の世界に入り見習いだったころ、本当に不器用でした。最初に入った築地の某寿司店はいじめのひどいところで、お金も取られ、暴力もあり、身も心も傷だらけ、人には言えないようないじめも受けました。とにかく私は不器用で、何をしてもうまくいきませんでした。逆に同期はみんな仕事ができる。アジの3枚卸しも、同期はみんなきれいにできるのに、私はぐちゃぐちゃになって、いつも怒られました。

私は早くつけ場に立ちたくて焦っていました。その上いじめを受けて、休憩中も将棋の賭けをやらされ、休めずお金を取られたり……。夜はそれが麻雀に代わります。給料はいつも取られてばっかり、出せないと借金になる。

そこは一年間我慢しましたが、身も心もボロボロになって限界のときに、兄弟子が阿佐ヶ谷の老舗を紹介してくれました。そこに住み込みで入ることになりましたが、

やる仕事はほとんど一緒でした。その店は厳しいけれど面倒見がいい親方で、普段はとても厳しくて、箸の持ち方や言葉遣いにはうるさいんだけど、技術に関しては、失敗しても絶対に悪く言われませんでした。

でも、私は一年間でできるようになった仕事がほとんどありませんでした。自分は寿司職人に向いてないと落ち込んでいました。

そんなとき親方に言われたのが、「数をこなせば誰だってできる。一ヶ月でできるやつもいれば、一年かかるやつもいる。でも、早く覚えればいいのではなくて、覚えるまでの過程が大事なのだ。一日で覚えるよりも、辛い思いをしたものはこれから先忘れないものになるんだ。辛い思いをしたものほど、それから先、情熱が入ってくる。覚えるのに一年かかったって、覚えてしまったら同じラインに立つんだ。その方が情熱を持って仕事をできるんじゃないか。今はもがきながら、もっともっと経験をしろ。苦労と成功の幅が広ければ広いほど、職人としても人間としても成長の幅が広くなる」と言われました。

挫折もしたけど、なんとかがんばれました。その親方の一言一言が身に染みています。いまだに私が出演したテレビも見てくれるし、応援してくれています。その人がいてくれたから、今の自分があります。師弟関係とはそういうものです。

目で盗み心も盗め

日本の職人というのは、「見て覚えろ」「目で盗んで覚えろ」というけれど、こればっかりではダメです。結局見せてくれないんだもの！隠されたり、仕込み時間を教えてくれなかったり。それでも仕事を教えてもらいたい……。そこで、親方や先輩の心をつかむことが大事になってきます。

朝、先輩たちにはお茶派とコーヒー派というのがあって、先輩の砂糖の数や、ミルクが必要かとかを全部覚えて、言われなくてもコーヒーを出すなどして、相手の心をつかむ。

そうなると「教えてやるよ」と、相手から言ってくれるようになってきます。包丁を砥ぐ前に、砥石を水で濡らして準備しておくとか、競馬が好きな先輩に、競馬新聞を買っておくとか。普段から先手先手の気配りをしていると、接客にも生きてきます。

寿司職人として欠かせないのが「捨て目捨て耳」という言葉です。見てないふりして見ている、聞いてないふりして聞いている。これが大事。こちらのお客様が巨人の話をしている、でもこちらのお客様が阪神の話してたら、「私野球詳しくないので～」とお客様同士で揉めないように話をスルーする。

飲み物の氷の音がしたら、「次はどうなさいますか」と一杯勧める。お茶がなければ「アガリ差し替えな!」と。見てないふりして見ている。相手の心を盗む。さりげなく、これを望んでいるな、というのがわかるようになってきます。そういうのを勉強しました。目で盗み、心も盗む。

寿司職人の接客としては、宗教の話と野球、サッカーなどのスポーツの話、家族の話、政治の話はダメ。家族構成が複雑だったり、不倫関係という場合もあるので、家族の話は絶対にタブーです。「前回は妹さんと来ていましたね」と言ったら彼女だった……ということもありますしね。

身体の話もダメ。かつて「おめでたですか?」と聞いたら、ただ太っただけだったという話もあったくらい。人にはわからないコンプレックスもありますから。

「守破離」

「守破離」これは剣道の言葉です。最初は親方や先輩の言われたことを素直に「守」る。先輩や親方から学ぶのは当然です。お客さんから学ぶこともありますし、バイトの子や子供から学ぶことだってあります。後輩から学ぶこともあります。

どんな人からでも学べるプライドを持つこと。学べるところは誰にでもあるもので、それを素直に聞く気持ちが大事です。素直に取り入れるということ。それをやったうえで、じゃあ、次は自分がどうなのかと考えたときに、「破」と「離」は師匠の教えを超えて自立するという意味になります。自分の意見も尊重していかなければならないという意味です。

剣道では「遠山《えんざん》の構え」という言葉があります。剣道で面を打とう、打とうとするんじゃなくて、遠い山を見るように全体像を見よう、ということです。

カウンターからお客様の顔だけでなく、遠い山を見るように全体を見ると、素敵なプローチが目に入ったりします。そこを褒めると相手をハッピーにさせることができます。全体的に相手を見るようにします。

シンプルこそ難しい

フランス料理でもイタリア料理でも、見栄えよくお皿に盛ってありますね。最近は、寿司でもおしゃれな、見栄えを重視している寿司が多くあります。フレンチみたいにモダンに盛ってあります。

しかし、本来、日本のお寿司は本当にシンプルなものです。海外ではやたらカラフルにしたり、裏巻にしてカッコつけたりします。実はシンプルというのが一番難しくて、巻物なんかは高さを合わせ、ネタが中心に入るように巻き、シャリが潰れないように切ると実に美しいのです。ただ巻いているだけのシンプルなものでも、海外の人にこういう風に作れと言っても作れる職人が少ないです。

にぎりもそう。切り身をすべて同じグラムに合わせ、シャリとネタのバランスがしっかりしていないといけません。

こういうシンプルなものは写真に撮ると素直に出ます。緻密な細かいところに美しさの差が出てきます。

海外ではみんなソースやデコレーションなどでごまかしますが、寿司はシンプルなだけに非常に難しいのです。シンプルこそ難しい。

寿司とは人間形成の道である

職人はただ寿司を作ればよいというものではなくて、人間ができていないとよいものは作れません。いい技術でよいものを作ったところで、相手があっての自分なので、相手の気持ちを理解し、思いやる心がないとダメです。

よろこんでもらいたいと思ったり、悲しんでいる人がいたら一緒に悲しんであげたり、困っていたら助けてあげる、そういう気持ちがあってこその技術である思います。

寿司だって相手がいないと商売にならないので、相手の役に立てるようにならないとダメなのです。

相手に対しても自分に対しても、最後まで尽くすということを忘れてはいけない。私はテレビに出れば批判を受けたり、いろんなことを言われます。みんなが賛同してくれるわけではないのです。ユーチューブにのせれば、いくら感動するものでもBAD評価がつく。

他人の批判や評価に悩んだら、どうしたらよいか。

そんなときにはやはり、「自分が一番大切にしているものを一番大切にする」しかないと思います。そこを原点にすることで、ゆるぎない、ぶれない自分をつくる。そこを原点にして人に幸せを届けていく。

いまの私では、それが寿司であり、それを世界へ伝えていくことです。そして、それを通じて、多くの人々に幸せとよろこびの輪を広げていきたい。その思いがあるからこそ、周囲の目にさらされながらも歩み続けられるのです。

自分が持っているものを大切に、支えてくれる大切な人を大切にすることをまずは心がけています。

懸待一致の心

剣道の言葉で「懸待一致《けんたいいっち》」というものがあります。要するに駆け引きのことです。「懸」はかかりで攻めること、「待」は待つ、応じる、守ることです。

懸待が一致する、とは、攻撃と防御が表裏一体をなすもので、攻撃中も相手の反撃に備える気持ちを失わないこと、防御にまわっているときでも攻撃する気持ちをもつように心がけることを意味しています。

「このお寿司おいしいでしょ!」とこちらから一方的に押し付けるだけでは、お客様の心には響きません。攻めるときには待つ心、待つときには攻める心、両方を持ってないとダメということです。攻める心だけでも、待つ心だけでも、どうしても隙が出てしまいます。

恋愛においてもそうでしょう。彼女とメールするにしても、速攻で返事してしまうと、相手に安心感を与え相手のペースになってしまう。少し間を置いて心配させたり、ヤキモチ焼かせたり考えさせる時間が心を動かします。接客も同じ。ただ単に一方的に勧めるだけでもダメで、ちょっと時間をためてみたりする。

海外で指導するにも、後輩に教えるにあたっても、ただ一方的に教えるだけじゃダメで、相手からも教わる気持ちがないと、教えられません。生徒から学ぶものもたくさんあります。自分は先生だからとプライドを持って教えるだけではなくて、「この飾りつけいいね！教えてよ！」と言うと、お互いに教え合うよい関係を結べます。

お客様にも「おいしいでしょ！」と一方的に与えてもダメで、お客様の意見も聞きながら、取り入れていかなければよい接客はできません。

ほかにも「教える」ではなくて、「伝える」という心構えも大事です。心の中で「伝える精神」をもって教えると、相手も受け入れてくれるようになります。相手の意見も尊重してあげましょう。一方通行では伝わらないですね。夫婦げんかもそうだ。こっちが打たれっぱなしでもダメですしね。

一つに込めた寿司への思い

私が出前寿司のお店を始めたとき、増田さんというご年配のお客様がいました。このおばあちゃんがすごいお元気な方で、穴子が大好きだったのです。私のお店では、コハダと穴子に自信を持っていて、売りにしていたことから、増田さんにも気に入っていただいていました。締め具合一つで味がかわるコハダと、煮方一つでふんわりとなる穴子は、寿司職人として腕の見せどころなのです。

増田さんは、私の店がオープンしたときからファンになってくれました。週一回くらいのペースでアナゴ1、2枚の注文が入り、こちらも当然のようにお届けする感じで、お互いに習慣のようになりました。

いつもお店を使ってくださるよいお客様だなという感覚でいたのですが、それが3年、4年経ってだんだん注文が減ってきたのです。以前は、一週間に一回注文が来ていたのが、一ヵ月に一回という感じに……。こちらも不安になりますよね。私は作っていた方なのでたまに注文の電話でお礼を言っていた程度だったのですが、心配になってきたんです。

板前も増えたので、「私が届けに行くよ」と言って、何回か届けに行き、お会いしてみました。すると、癌だったようで、ベッドで静養されていらっしゃったのです。「私もちょっと体を壊しちゃって、あんまり食べれなくなっちゃったのよ」と言われて、でも「一人前だと多いから五個にして」とか、だんだん注文の期間ものびて2ヶ月後になったりして、どんどん心配になってきてしまって。

だんだん注文が減ってきて、こちらから「増田さんのところに電話してみようか」、「私もかけてみるよ」、そんな流れになりました。増田さんは最終的には残念ながら亡くなってしまったのですが、亡くなる前の日まで、最後は二個だけだったのですが、うちの穴子を食べてくださったのです。「やっぱり小川寿司の穴子がおいしくて」と出前の従業員に言っていたと、あとになって増田さんのご家族から聞かせていただきました。

増田さんは寝たきりになっていて、娘さんの話では、「穴子が食べたい、穴子が食べたい」っていつも言っていて、「やっぱり結局食べられなかった」とのことでした。亡くなる前日まで穴子を食べてくださったことへの感謝をこめて、それから必ず一週間に一回仏壇に穴子をお供えしていました。

自分の作ったものがお客様の亡くなるまで思い出になってくれたというのはすごいことだなと感動しました。

いろいろな方に宅配で寿司をお届けしていると、お体の不自由な方もいらっしゃるのです。交通事故によって半身不随の方であったり、お若いのに癌でベッドにいる方だったり。みなさん、寿司を置いていくとよろこんでくださるのです。病院でも、余命がないからといって、お医者さんももう好きなものを食べなさいと言って、寿司を注文してくださることがあります。

これらは一例なのですが、たくさん目にしてきました。お店だけの営業では味わえないもので、それぞれの家に行くとその家族の悩みや、健康の悩みなどを目のあたりにして、お客様の寿司に対する想いをとても学ぶことができました。

寿司を食べたいけれど、寿司屋まで足を運べない、動けないという事情の方々がいる。ほんとうに亡くなる間際まで寿司を食べてくださった方がいる。このときに、たかだか食べ物ではなくて、たった一つの寿司でも人の人生を動かせる、心を動かせるのだと実感しました。

いまもその思いを胸に握り続けています。

海外の方たちにも、私が教えることと、伝えることで人生が変わる。一つのものを当たり前のようにやるのではなくて、やはり相手のことを変える、ではないですが、相手の心に刻めるようなものを作っていきたいなと思っています。商売としての成功だけでなく、たった一つの寿司を通して、人をよろこばせることができ、心に刻まれていく、その心豊かな経験を積み重ねてほしいのです。ほんとうに寿司職人になれてよかった、幸せだったと感じてもらえる人生を送ってほしいのです。

いま、指導者としてこの道にわが身を置いて、お客様の目の前で直接寿司を握ることはないのですが、「料理人を幸せにできる」のはこの道だと強く感じています。

寿司職人を幸せにできる寿司職人でありたい、という気持ちで、いまこの道一本に集中して取り組んでいます。

相手の心に、何か生涯に刻めるような、そんな人生に。そして、この本もそうなってほしいと思い、書き綴ってきました。私の思いを、みなさまにお届けできたら。そう念じながら。

おわりに

これまでの人生で、さまざまな方と出会い、さまざまな経験をして、さまざまなことを考えて、寿司と出会うことができました。さまざまな国を訪ね、それぞれの国のさまざまな方と出会い、わが国の誇る寿司の文化や技能をお伝えしたり、思いを伝えたり、また逆に、私もたびたび現地の方々の思いに心を動かされ、成長してきました。

どんなことにもいえることですが、地球上にさまざまな方がいて、相手があってこその自分の人生です。このような方々との出会いがなければ、私の人生はいまとはちがうものになってしまったでしょう。感謝という言葉では表現しきれないほどの思いを胸に、いまも生きています。

本書を手に取ってくださった読者のみなさまとも、ひとえに一期一会の運命の出会いであると思っています。本書に出会ったみなさまが、私の生きざまをご覧くださったことで、心が動き、勇気や元気をみなぎらせて、また新しい一歩を踏み出してくださったら何より幸いです。

本書の出版にあたって、帯に素敵なメッセージを寄せてくださった寺沢大介先生、マイケル・ブースさんに心より感謝申し上げます。また、株式会社キーステージ21のみなさまをはじめ、関連各社のみなさまに心よりお礼を申し上げます。本書は、私一人では生み出すことは到底できませんでした。周りのみなさまに支えられ、ここにある一冊です。これもまた一つの出会い。

ものには、人には、それぞれ役割というものがあります。

私は寿司職人の経験を綴り、それを本にしてくださるプロの方がいて、その本を広めてくださる方がいて、売ってくださる場所があり、読んでくださる読者の方がいます。

多くの方々に支えられ、できたこの一冊。みなさまに感謝してできた一冊。

私は寿司しか知らない人間ですが、何かを行動に起こすことができずにいる方々が、心に秘めている「いつかやりたいこと」を一心に思い、貫いて、一歩前に踏み出していけるような本になればと思い、ここまで書いてきました。

私は寿司と出会い、寿司のおかげで私自身、さまざまな経験をさせていただきました。これからも寿司を通じて、誰かのためにお役に立ち、少しでも社会への貢献ができたら幸いです。今後も寿司で、世の中を変えていけたらと思っています。

寿司でしか、私はものを伝えられない。私は、一生これで生きていきたいと思います。

本書をお読みいただき、ほんとうにありがとうございました。

小川洋利記す。

小川　洋利　－おがわ　ひろとし－

- 世界を股にかける寿司サムライ
- 国際すし知識認証協会　理事
- 全国すし連 すし知識海外認証制度 認定講師
- 日本食普及親善大使（農林水産省任命）
- 千葉県すし商生活衛生同業組合連合会常任理事・技術委員長
- 寿司・刺身上達法　代表

1973年11月7日生まれ。千葉県出身。

小学校から剣道を始め、数々の大会で優勝。千葉県船橋市立船橋高校にて、剣道に明け暮れる。18歳で単身オーストラリアへ。日本料理店を経営するドイツ人に出会い料理に目覚める。帰国後、東京の築地をはじめ、有名寿司店を巡り武者修行。

1998年、再度、オーストラリアに渡り、五つ星である全日空ホテルシドニー（当時）に入社。日本会席店（雲海）で寿司を担当。伝統と現代の寿司を組み合わせた独自の寿司で評判を呼ぶ。オーストラリア首相、キアヌ・リーブス、トム・クルーズやニコール・キッドマン、メグ・ライアン、マイケル・J・フォックスなどの著名人に寿司を提供する。

2003年に帰国後、東京で「小川寿司」を開店。2店目を開店した後、世界の寿司職人を育成したいと2013年に寿司店を売却。

日本の寿司文化を全世界に広めたいとの思いで、全国すし商生活衛生同業組合連合会すし知識海外認証制度認定講師の道へ進む。その後、国際すし知識認証協会の役員理事に就任。

世界の寿司職人の育成と、日本の食文化を広めるため、40か国以上の国に指導に訪れる。

国内外問わず新聞、雑誌に取り上げられテレビ出演依頼も数多い。TBS系列のテレビ番組「ぶっこみジャパニーズ」に出演。寿司サムライとして注目を浴びる。

キーステージ21ソーシャルブックス
寿司サムライが行く！トップ寿司職人が世界を回り歩いて見てきた
2018年4月30日　初版発行

著　者　小川洋利《おがわひろとし》
装丁デザイン　赤塚凜
本文デザイン　木村ほなみ・有賀千晃・宝珠戸祥穂
キャラクター・デザイン　赤塚凜
編　集　丸山恵
編集協力　水口真紀子・中村真純・北彩乃・中村みなみ
企画協力　ネクストサービス株式会社　松尾昭仁
発行者　大久保正弘
発行所　株式会社キーステージ21
東京都町田市小山ヶ丘4丁目7番地2－818　〒194-0215
電話　本社 042-779-0601　出版部 042-634-9137

印刷・製本　モリモト印刷株式会社

ISBN 978-4-904933-11-4　C0095

本書の売上の一部を非営利活動団体に寄付します。